パスタマシンで作る
自家製麺 入門

「パスタ・コウ」オーナーシェフ
阿久津 浩一 監修

CONTENTS

自家製麺を打つ楽しみ ‥‥‥‥‥‥‥‥‥ 4
本書のみかた ‥‥‥‥‥‥‥‥‥‥‥‥‥ 6

PART 1　基本の麺の打ち方

麺を打つ前の予備知識 ‥‥‥‥‥‥‥‥‥ 8
下準備をする ‥‥‥‥‥‥‥‥‥‥‥‥‥ 10
水まわしをする ‥‥‥‥‥‥‥‥‥‥‥‥ 12
生地をこねる ‥‥‥‥‥‥‥‥‥‥‥‥‥ 14
生地玉を伸ばす ‥‥‥‥‥‥‥‥‥‥‥‥ 16
麺帯にする ‥‥‥‥‥‥‥‥‥‥‥‥‥‥ 18
製麺する ‥‥‥‥‥‥‥‥‥‥‥‥‥‥‥ 21
熟成させる ‥‥‥‥‥‥‥‥‥‥‥‥‥‥ 23
調理する ‥‥‥‥‥‥‥‥‥‥‥‥‥‥‥ 24

麺打ち中級編
フレーバー練り込み麺に挑戦!! ‥‥‥‥‥ 26

PART 2　麺幅別レシピ集

麺幅4mmレシピ

パルミジャーノとオリーブオイルの
シンプルパスタ ‥‥‥‥‥‥‥‥‥‥‥‥ 28
ペペロンチーノ ‥‥‥‥‥‥‥‥‥‥‥‥ 30
玉ねぎとベーコンのアマトリチャーナ ‥‥ 31
モッツァレラとベーコンのジェノベーゼ ‥ 32
パンチェッタとゴルゴンゾーラのクリーム ‥ 33
モッツァレラとバジルのトマトソース ‥‥ 34
きのことベーコンの和風ソース ‥‥‥‥‥ 35
牛肉としめじのトマトクリーム ‥‥‥‥‥ 36
なすとベーコンのメランザーネ ‥‥‥‥‥ 37
牡蠣とかつおぶしのトマトソース ‥‥‥‥ 38
帆立とえのきのジェノベーゼ ‥‥‥‥‥‥ 39
にんにく好きのためのトマトソース ‥‥‥ 40
トマトスープのパスタ ‥‥‥‥‥‥‥‥‥ 41
かぶといくらの和風ソース ‥‥‥‥‥‥‥ 42
しらすとかつおぶし ‥‥‥‥‥‥‥‥‥‥ 43
鮭とキャベツのクリーム ‥‥‥‥‥‥‥‥ 44
えびとブロッコリーのアラビアータ ‥‥‥ 45
たことオリーブのジェノベーゼ ‥‥‥‥‥ 46
ポルチーニ茸とひき肉のクリーム ‥‥‥‥ 47
ペスカトーレ ‥‥‥‥‥‥‥‥‥‥‥‥‥ 48
洋食屋さんのナポリタン ‥‥‥‥‥‥‥‥ 49
たっぷりきのこのペペロンチーノ ‥‥‥‥ 50
洋食屋さんのミートソース ‥‥‥‥‥‥‥ 51
ドライトマトとかつおぶしのペペロンチーノ ‥ 52
うにのジェノベーゼ ‥‥‥‥‥‥‥‥‥‥ 53
真鯛と帆立のペペロンチーノ ‥‥‥‥‥‥ 54
ボンゴレビアンコ ‥‥‥‥‥‥‥‥‥‥‥ 55

しょうゆボロネーゼ ・・・・・・・・・・・・・・ 56
おくらとささみのジェノベーゼ ・・・・・・・・・ 57
うにのトマトクリーム ・・・・・・・・・・・・・・ 58
アボカドとえびのジェノベーゼ ・・・・・・・・・ 59
ほうれん草のボロネーゼビアンコ ・・・・・・・・ 60
セロリとベーコンのトマトソース ・・・・・・・・ 61

本書監修者の阿久津さんが語る　プロ麺 ・・・・・・ 62

麺幅6.5mmレシピ

カルボナーラ ・・・・・・・・・・・・・・・・・・ 64
白菜とひき肉のクリーム ・・・・・・・・・・・・ 66
かぼちゃとゴルゴンゾーラのクリーム ・・・・・・ 67
白子とほうれん草のクリーム ・・・・・・・・・・ 68
コーンとツナのポタージュ風クリーム ・・・・・・ 69
くずし豆腐と豆乳のクリーム ・・・・・・・・・・ 70
粗びきソーセージと
マッシュルームのクリーム ・・・・・・・・・・・ 71
たらこクリーム ・・・・・・・・・・・・・・・・ 72

手打ち麺で作る　簡単おつまみレシピ ・・・・・・・ 73

麺幅2mmレシピ

フルーツトマトと
カリカリベーコンのトマトソース ・・・・・・・・ 74
うにと帆立の冷製 レモン風味 ・・・・・・・・・・ 76
サーモンとクリームチーズの
冷製ジェノベーゼ ・・・・・・・・・・・・・・・ 77
パプリカとえびの冷製パスタ ・・・・・・・・・・ 78
生ハムとみず菜の冷製パスタ ・・・・・・・・・・ 79

麺打ち中級編
スパイス練り込み麺に挑戦!! ・・・・・・・・・・ 80

PART 3　うどんの打ち方&レシピ集

うどんを打つ ・・・・・・・・・・・・・・・・・・ 82
トマトスープのうどん ・・・・・・・・・・・・・ 86
トマトとひき肉の冷やしうどん ・・・・・・・・・ 88
ズッキーニとベーコンの焼きうどん ・・・・・・・ 89
トマトのみそ煮込みうどん ・・・・・・・・・・・ 90
トマトつけ麺 ・・・・・・・・・・・・・・・・・ 91
サラダうどん ・・・・・・・・・・・・・・・・・ 92
生ハムとチーズのかま玉うどん ・・・・・・・・・ 93

Q&A ・・・・・・・・・・・・・・・・・・・・・ 94

自家製麺を打つ楽しみ

パスタマシンがあれば自動的に麺ができあがるわけではありません。
マシンは生地を均一に伸ばしたり、麺の太さ、厚さを指定どおりに
切ってくれるだけです。

それ以外は、自分でする手作業です。
ここが楽しいところです。
環境、状況、腕により、仕上がりの状態が変化するところは、
ひょっとすると、そば打ちに通ずるところかもしれません。

そして、作業する楽しみのほかにもうひとつの楽しみがあります。
それは、自分好みの麺が打てるということです。
コシ、歯ごたえ、太さがある意味自在です。

これは！と思ういい麺が打てたとき、
「もしかして天才？」
と、ほくそ笑んでしまうのではないでしょうか。

そんな楽しい体験が、
みなさんにもおとずれると思います。
そして、
最初の一品は、ナポリタンでしょうか？

本書のみかた

本書は、「麺の打ち方」を解説したページと、
麺を使って作るレシピ集で構成されています。
麺の打ち方をマスターしてから、
レシピ集を参考にして、パスタを仕上げてください。

麺の打ち方と調理方法

本書では、P.8〜P.25で麺(生パスタ)、P.82〜P.85でうどんの打ち方と調理方法を分かりやすく紹介しています。

Ⓐ 工程
何の作業をするのかがここを見れば分かります。

Ⓑ 手順
番号を追って、作業ができるようにしています。

Ⓒ チェック項目
重要なポイントや失敗しない方法などのアドバイスが書かれています。

Ⓓ ポイント
作業中のちょっとしたポイントを記入しています。

※本書のパスタマシンはimperia®SP-150を使用しました。さまざまなメーカーの機種でも作れるように説明してありますが、詳しくはお手持ちの機種の取扱説明書をお読みください。

レシピ集

麺幅4mmを中心に、6.5mm、2mmの麺(生パスタ)、4mmのうどんを紹介しています。

Ⓐ 材料
レシピに必要な材料をのせています。トマトソース、ジェノバソースの材料は、P.24(基本のトマトソースの作り方)、P.32(基本のジェノバソースの作り方)に詳しく説明していますので、そちらを参考にしてください。

Ⓑ 作り方
それぞれの野菜の下処理、「切る」「むく」「洗う」などはできるだけ省略し、シンプルに表現しています。火力の記入がないものは、すべて中火で調理しています。
大さじ1=15cc、小さじ1=5cc、200cc=1カップで表記しています。
麺のゆで時間は、おおよその目安です。お好みのかたさにゆでてください。
トマトソース、ジェノバソースの作り方は、P.24(基本のトマトソースの作り方)、P.32(基本のジェノバソースの作り方)に詳しく説明していますので、そちらを参考にしてください。
調理家電を使うときは説明書に従い、やけどなどのけががないようにじゅうぶん注意してください。

PART 1

基本の麺の打ち方

麺の打ち方を詳しく解説していきます。
慣れるまでには時間がかかります。
焦らず、ゆっくりと、
そして楽しみながらトレーニングしていきましょう。

麺を打つ前の予備知識

はじめて麺を打つ前にしておきたいこと。
それは麺を打つ機械＝パスタマシンの構造と操作を知ることと、
麺打ちにかかる所要時間と段取りをイメージしておくことです。
慣れてしまえば自然に体が動き、時間をはからずとも
予定どおり麺が仕上がります。
はじめのうちは、繰り返しトレーニングしましょう。

1 パスタマシンの各部の名称と機能を覚える

まずは、パスタマシン（以降マシン）の各部の名称を覚えましょう。
麺を作る前にマシンを触り、手の感触などをみてみるといいでしょう。

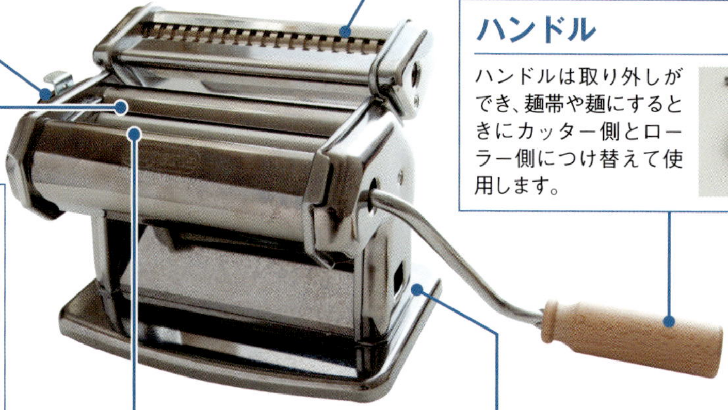

ピッチダイヤル
1～6まで目盛りがあり、ダイヤルをまわして麺帯の厚みを調整します。本書では「6、4、2、2」と3回ダイヤルをまわして厚みを調整しました。

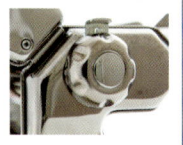

カッター
麺帯をここに通して製麺します。カッターは簡単に取り外しができ、好みの幅のものに変えることが可能です。

ハンドル
ハンドルは取り外しができ、麺帯や麺にするときにカッター側とローラー側につけ替えて使用します。

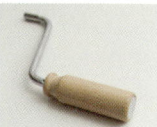

ローラー
ここに生地を通し、薄く伸ばして麺帯にします。何度か通して好みの厚さにしていきます。

ガイド取りつけ位置
薄く伸びた麺帯を麺にするときに、ここに取りつけて使う道具です。あるととても便利なアイテムです。

固定具
マシンがぐらつかないように作業台とマシンを固定するのに使用します。しっかりと固定するのがポイントです。

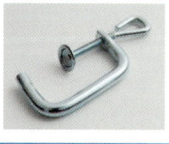

マシンの使用上の注意点

まず、新品のマシンの部品が全てあるかをチェックし、本体を一回組み立ててみましょう。メーカーや機種にもよりますが、部品ははめ込み型が多いようです。また、マシンは水あらい厳禁です。サビの原因になるので絶対にあらってはいけません。

※代表例として「imperia®SP-150」を本書では紹介しています。お手持ちのマシンの名称、機能が異なる箇所は「取扱説明書」をご確認ください。

本体

マシンにほかの部品がついていない状態。必要な部品をここに加えていきます

ガイド

ハンドル

2 麺打ちの流れを頭に入れる

PART 1 基本の麺の打ち方

麺打ちは、手早さが命。麺は乾燥をいちばん嫌うからです。
麺打ちの流れと所要時間の目安を記入しているので、
作業に慣れるまでは、下記の時間を意識しながら打っていきましょう。
目安時間で打てるようになれば「麺打ちマイスター」といえます。

［おおまかな工程と所要時間の目安］

水まわしをする	→	生地をこねる	→	生地玉を休ませる	→	生地玉を伸ばし製麺する	→	熟成させる	→	調理する
5分		15分〜20分		20分以上		15分〜20分		1日間		10分

※所要時間は、あくまでも目安です。室温により、時間は変化します。

生地（麺）の呼び方

麺打ちをするときに、生地は3つの呼び方に変化します。呼び方と生地の形状を覚えておきましょう。

生地玉（きじだま）
生地をこねて、ひとかたまりにしたもの

麺帯（めんたい）
マシンに生地を通し、羽衣のように薄く伸ばした状態のもの

麺（めん）
マシンで麺帯を裁断したもの。ゆでればすぐに食べられる状態のもの

はじめにやるべきこと
下準備をする

まず、麺を打つための道具類を用意します。
マシンとめん棒以外は、家庭にある調理器具ばかりです。
捨て生地でマシンの掃除をしたら準備完了。
麺打ちのスタートはここからです。
材料を手際よく計量しましょう。

1 捨て生地でマシンの汚れを取る

下の「捨て生地の材料」を参考に材料をはかり、P.12〜P.15を参考に捨て生地をこねて休ませる。マシンを組み立て、P.16〜P.18を参考に捨て生地を伸ばし、ローラーの汚れを取り除く。同様にP.21を参考にカッターの汚れを取り除く。

捨て生地の材料

強力粉・・・・・・・・・・・・・・・・・ 200g
水・・・・・・・・・・・・・・・・・・・・ 100cc

▼ 捨て生地

マシンの掃除をするための専用生地です。新品のマシンや、しばらくマシンを使わなかったときに捨て生地を作って掃除しましょう。汚れのつき具合が分かりやすいように、卵は入れずに作ります

▼ ならし

捨て生地をマシンに通す前にハンドルを数回まわしましょう。先にハンドルを数回まわすことで、新品のマシンから出る鉄くずが生地に付着し、汚れが取り除きやすくなります

▼ 汚れ

ローラーの汚れ

麺帯に汚れがつかなくなるまで数回生地を伸ばして行います。機種やメーカーによって、汚れのつき方はさまざまです

カッターの汚れ

1〜2mmの幅が狭いカッターは刃と刃の間が狭いため、生地に汚れがつきやすいです

必要な道具

パスタマシンのほかに麺打ちに必要な道具は、ボウル、はかり、はさみ、めん棒、ラップの5つです。そのほかの本書に登場する道具は家にあるものでじゅうぶん代用できます。

ボウル
水まわしをするために必要です。本書では直径28cmのものを使用しました。

はかり
材料を計量するために使います。本書では計量しやすいデジタルはかりを使用しました。

キッチンばさみ
製麺した麺を切断するのに使います。

めん棒
本書では長さ45cmのものを使用しました。めん棒はこのぐらいの長さがあると生地を伸ばしやすいです。

ラップ
生地を乾燥から守るマストアイテムです。生地を覆える、できるだけ幅広のものがいいでしょう。

PART 1
基本の麺の打ち方

2 材料をはかる

下の「基本の麺の材料」を参考に材料をはかりにのせて正確にはかる。
卵は全量が150gになるように調整する。

基本の麺の材料
（4人分 1玉100g計算）

- セモリナ粉‥‥‥‥‥‥‥ 150g
- 強力粉‥‥‥‥‥‥‥‥‥ 150g
- 卵‥‥‥‥‥‥‥‥‥‥‥ 150g
- 塩‥‥‥‥‥‥‥‥‥ 小さじ1
- オリーブオイル‥‥‥ 大さじ1

打ち粉
- 片栗粉‥‥‥‥‥‥‥‥‥ 100g
- セモリナ粉‥‥‥‥‥‥‥ 20g

卵の量はとくに正確にはかってください

▼ 基本の麺の材料

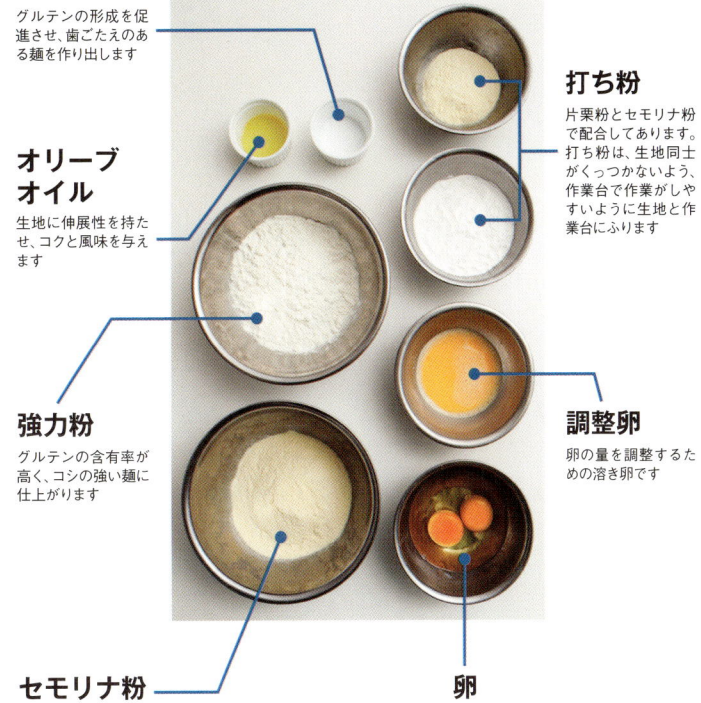

塩
グルテンの形成を促進させ、歯ごたえのある麺を作り出します

オリーブオイル
生地に伸展性を持たせ、コクと風味を与えます

強力粉
グルテンの含有率が高く、コシの強い麺に仕上がります

セモリナ粉
セモリナ粉独特のコシと麺の固さがあり、パスタらしい食感に仕上がります

打ち粉
片栗粉とセモリナ粉で配合してあります。打ち粉は、生地同士がくっつかないよう、作業台で作業がしやすいように生地と作業台にふります

調整卵
卵の量を調整するための溶き卵です

卵
歯切れがよくなり、生地にコクが出ます。本書では、全卵L玉を使用しました

調整卵の溶き方

卵2個分の重量をはかり、150gに満たない場合、卵をもう1個用意し、調整卵を作ります。卵白をきるようにして卵黄と卵白の割合が均一になるように溶きます。フォークを使い表面に泡が立つまで溶くのがポイントです。

こし器でこす必要はありません

2種類の粉を打ち粉に使う理由

粒子が粗いセモリナ粉だけを打ち粉にすると、麺の表面にソースが絡みやすくなりますが、グルテンが含まれるため、麺同士がくっついて作業がしにくくなってしまいます。
また、片栗粉だけの打ち粉は、麺同士がくっつかないものの、表面がぬるっとした食感になってしまいます。
このふたつをブレンドさせることより、お互いの特性を生かして、麺同士がくっつかず、麺にソースが絡む打ち粉ができます。

粉の状態や気温を感じながら作業する
水まわしをする

粉と卵がうまく混ざりあうように
材料を加えていきます。
粉のなかに均等に
水分が含まれるようにしていくことが
重要になります。
湿度、季節により微妙に変化します。

1 ボウルに材料を入れ、くぼみを作る

ボウルに計量した強力粉、セモリナ粉、塩を入れ、指のはらで粉をならしながら中央にくぼみを作る。

ボウルに粉類、塩を入れましょう

2 卵とオイルを加える

くぼみのなかに全量を150gに調整した卵を入れ、その上にオリーブオイルを流し入れる。

くぼみを作る理由

ボウルを使わず、作業台の上で水まわしをするときは、卵などの液体と粉が上手に混ざりあうように、くぼみを作ります。
本書の水まわしは、初心者にも簡単にできるよう、ボウルのなかで作業する方法なので、くぼみの必要がないともいえます。
ただ、ボウルがなくても、作業台の上で直接水まわしができるように、くぼみを作る方法をとっています。

粉はふるわなくてOK

小麦粉は混ぜたり、こねたりするとグルテンが形成されます。ふんわりと膨らませて作る製菓の場合、混ぜる前に小麦粉をふるい、ダマを取り除くことで、混ぜる回数を少なくしてグルテンの形成を極力おさえています。
製菓とはちがい、自家製麺はしっかりとこねてグルテンを形成させることが重要なので、粉をふるう必要はないのです。

3 混ぜる

手を広げて、粉類と卵、オリーブオイルが全体に混ざるように、円を描きながらさっくりと素早く混ぜあわせていく。

▼ 手の動かし方

できるだけ手を広げ、指と指の間にすき間を作って混ぜることで、粉と水分を素早く均等に混ぜあわせることができます

4 まとめる

ある程度生地がまとまってきたら、手のひらを使ってボウルの縁に生地を押しつけながら、ひとかたまりにし、ボウルから取り出す。

▼ このぐらいでOK

生地全体に粉っぽさがなくなり、まとまってくればOK。まるくまとめてボウルから出し、次のステップに進みましょう

フードプロセッサーを使う場合

フードプロセッサーを使えば、簡単に水まわしが行えます。
卵は、最初に全量が150gになるようにはかり、溶いておきましょう。少しずつ加えながら、生地の様子を見ていきます。

フードプロセッサーに卵以外の材料を入れ、少量の卵を加えて撹拌させる

生地が指にくっつく場合

写真のように指に生地がくっつくのであれば、計量ミスの可能性が高いです。こうなった場合は、同量の強力粉とセモリナ粉を少しずつ加え、耳たぶのやわらかさになるまでのかたさに調整しましょう。

リズミカルにテンポよく
生地をこねる

麺の風味や旨みを感じる麺を
家庭でも味わえるように考えた配合です。
水を使っていないので、
麺打ち初心者にはこの生地は少々かたく、
こねにくく感じるかもしれません。
適度に休みながら、しっかりこねていってください。

1 作業台の上でこねる

作業台の上に生地を置き、下の「手の動かし方」を参考に、15〜20分こねる。

▼ 作業台の高さ

作業台の高さは、自分の腰の位置くらいが理想的です。一般的なダイニングテーブルの高さでもじゅうぶん使えます

▼ 手の動かし方
陶芸の菊練りのように生地を中心にむかって折り込んでいきます

 →  →  →  →

A 右手で生地を軽くつぶす　**B** 左手で生地を右に45度回転させる　**C** 右上の生地を中心にむかって折り曲げる　**D** 手のひらを使って、生地を押さえつけて密着させる　**E** A〜Dを繰り返し、菊の花の模様になるようにこねていく

乾燥に注意する

生地をこねるのに15〜20分かかります。疲れたときは休みながらこねていきましょう。そのとき、生地の乾燥を防ぐために必ずラップをします。
また、乾燥対策にラップではなく濡れぶきんをかけると、生地が水分を吸ってしまい表面がベタベタして扱いにくくなるので、やめましょう。

やってはいけないこね方

生地に水分をまんべんなく浸透させ、素材同士をなじませるために「こねる」という作業を行います。きちんと素材が混ざりあうことで、麺としての一体感が生まれ、麺のコシにつながっていきます。写真のようなこね方はやめましょう。

押す
上から生地をただ押しているだけでは、粉と水分は混ざっていきません

伸ばす
手で生地を無理に伸ばしても、素材同士がなじみません

PART 1
基本の麺の打ち方

2 こねあげて生地をまとめる

15〜20分ほどこねたら、生地をまるくととのえ、生地玉にする。

▼ このぐらいでOK

一枚膜が張ったようになめらかな表面であればOKです

3 形をととのえて、休ませる

生地玉の側面を押さえながら、俵型にととのえる。ラップを用意し、手前に生地玉を置き、下の「ラップの巻き方」を参考にぴったりと巻きつけ、常温で20分休ませる。

▼ ラップに置く

生地玉が全てくるまる長さにラップを広げ、中央より下に生地をのせます

▼ ラップの巻き方
生地玉とラップの間にすき間ができないように巻いていくのが重要です

A 手前からラップをひと巻きする

B ラップの両端をピンと引っ張りながら、生地玉に沿って中央に折る

C 転がしながら、ラップを巻く

D 円柱の形にし、常温で休ませる

こねあげの判断基準

生地を握りしめて出てきた生地の表面で判断することができます。利き手で生地を持ち、そのまま生地を上に押し出すように力を入れてみましょう。
時間をはかり忘れたときにこの方法で判断しましょう。

写真のように、表面がきれいな状態であれば、こねあがっていると判断して次の作業に進みましょう

表面がザラザラしているようであれば、まだまだ。もう少しこねて再度チェックしてみましょう

生地玉を円柱の形で休ませる理由

生地玉を円形や丸型ではなく、円柱の形にするのは、ラップとの密着度を増すためのひと工夫です。ラップをふんわりかけると隙間ができ、こねたときに出た熱がたまって水蒸気が発生し、ラップの内側についた水分で生地が溶けてしまうことがあります。必ずラップをしましょう。

写真のように生地玉を円形にした場合、ラップを密着させるのが難しく、空気の層ができてしまいます

15

マシンを使う前のひと工程
生地玉を伸ばす

マシンを使って生地を伸ばしていく前に、
生地玉をめん棒で伸ばします。
これがうまくできないと、
マシンで生地を伸ばした後の生地の仕上がりが
違ってくるので慎重にやりましょう。

1 手でつぶす

手やめん棒で伸ばすときに生地玉が割れないようにラップをしたまま、生地玉が倍の大きさになるまで手で数回押しつぶし、ラップを外す。

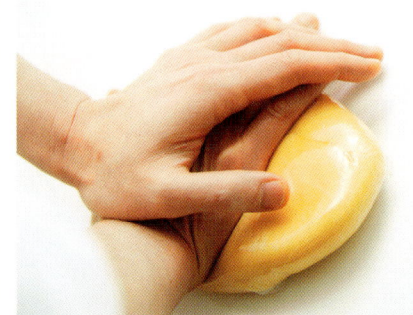

手で押す力が強く、押している間にラップが破れてしまっても生地玉の割れ目がなくなっていれば、大丈夫です

2 打ち粉を作り生地玉にふりかける

小さめのボウルを用意し、打ち粉の材料を入れて指を広げて混ぜあわせる。作業台の上と生地玉に打ち粉をしっかりふる。

打ち粉はできるだけ上からふると、全体にまんべんなくかかります

ラップを外さずにつぶすコツ

ラップには生地玉を乾燥させない役割と生地玉の割れを防ぐ役割があります。
円柱形にした生地玉の裏側を見てみましょう。表はキレイでも、裏面は写真のようにひび割れが入っている場合が多いです。そんなときは、割れ目を意識して、手でつぶしましょう。そうすることで、生地玉の割れ目を密着させることができ、めん棒で伸ばしていく間に生地が割れて切れてしまうのを防いでくれます。

生地玉の裏側

上手に生地をまとめたつもりでも、裏側は写真のように割れていることもあります

手でつぶした後の生地玉の裏側

手で一度つぶして生地と生地を密着させることにより、生地が割れることがなくなります

PART 1
基本の麺の打ち方

3 手で伸ばす
両手で生地を押さえながら長方形に伸ばす。

両手を重ねて生地を押さえ、少しずつ場所をずらしながら力をかけて、長方形を意識して伸ばしていきます

▼ この幅がベスト

生地幅がローラーより広くなっていないか、ときどきチェックしましょう

手で伸ばせる生地の長さの限界は、マシンの長さの約1.5倍。幅はローラーより広くならないようにしましょう

4 めん棒で生地を伸ばす
マシンのローラーに生地の幅と厚み（およそ3㎜）が入るかを確認しながら、めん棒を使って一方向に伸ばす。

ときどき、マシンのローラーに生地をあわせ、幅と厚みのチェックをしながら伸ばしていきましょう

めん棒で均等に伸ばす工程は、力加減が難しい作業のひとつです。長さを伸ばすことだけを意識しましょう

▼ この長さがベスト

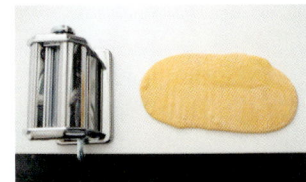

めん棒でさらに伸ばし、マシンの2倍くらいの長さにします。厚みが均等になればOKです

めん棒のあて方

めん棒で生地を伸ばそうとしてもうまく伸びないときは、作業台の隅に生地を置き、左手はめん棒の上部分に添えるだけにして、右手でめん棒をまわすと力が入り、伸ばしやすくなります。

OK

NG

めん棒はマシンのローラーの入り口より生地幅が広くならないよう注意して、一方向のみにあてて長方形に伸ばします。写真のように上下左右にあててはいけません

17

待ちに待ったマシンの登場!!
麺帯にする

マシンには、「生地を麺帯にする」と「製麺する」という2つの機能があります。
ここでは、マシンに生地を4回通して伸ばし、麺帯に仕上げていきます。
この工程を15～20分くらいで、こなすのが目標です。

1 マシンを作業台に固定する

マシンのローラー側にハンドルを取りつけ、固定具を使って作業台とマシンが動かないように設置する。

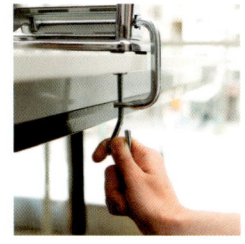

▼ 必要な作業スペース

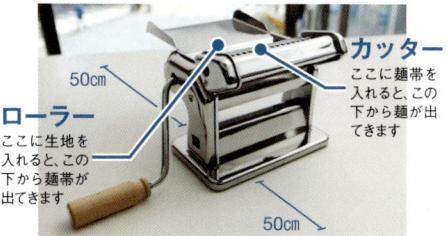

ローラー
ここに生地を入れると、この下から麺帯が出てきます

カッター
ここに麺帯を入れると、この下から麺が出てきます

ローラーやカッターから出てきた麺帯、麺をさばくためのスペースがマシンの前後(むかって左右)に必要となります。マシンを中心に前後50cmずつ余裕があればOKです

2 麺帯にする [目盛り6]

ダイヤルをいちばん厚い厚み(およそ3mm)に設定する。生地の先端が入りやすいように指で薄く伸ばし、ローラーに入れ、ハンドルをまわして生地を伸ばしていく。

[目盛り設定]
本書は、ダイヤルをまわして厚さの目盛りを「6」に設定しました。機種やメーカーによって数字は異なります。お手持ちの機種の取扱説明書をご覧ください

▼ 先端を伸ばす

めん棒で生地を均一に伸ばしたつもりでも、生地の先端は太いことが多く、ローラーになかなか入っていかない場合があります。先端を指で薄く伸ばしてからローラーに入れていきましょう

左手の動き

マシンのハンドル操作は右手でします。左手は生地を伸ばしやすいようにサポートしていきます。効率をはかるためには、左手の動きはとても重要です。

左手で生地の末端を持ちながら、右手でハンドルを動かして生地の半分くらいまでマシンに通す

→

半分までできたら、左手に持っている生地をマシンの右側に倒し、生地から左手を離す

→

左手でローラーから出てきた生地の端を持ち、少しずつ引っぱりながら最後まで生地を伸ばす

PART 1
基本の麺の打ち方

3 打ち粉をふる

麺帯の表面に打ち粉をふり、麺帯全体に行き渡るように手で伸ばす。

麺帯の乾燥を防ぐために、麺帯に伸ばしたらすぐに打ち粉をふっていきます。なるべく高い位置からふりかけ、麺帯全体になじむように手のひら全体を使って打ち粉を伸ばしましょう

▼ 打ち粉の量

目分量でかまいませんが、1回伸ばすごとに大さじ1程度の打ち粉をふります

4 麺帯を半分に切る

包丁で麺帯を半分に切り、2枚にする。乾燥を防ぐため、ラップをかける。

▼ ラップ

マシンで伸ばす直前までラップをかけておきましょう

5 麺帯を薄く伸ばす [目盛り4]

麺帯の厚みが薄くなるほう（およそ2mm）にダイヤルをまわす。2～3の手順同様にさらに麺帯を伸ばし、打ち粉をふる。同様にもう1枚も伸ばし、打ち粉をふる。

[目盛り設定]
本書は、ダイヤルをまわして厚さの目盛りを「4」に設定しました

麺帯はだんだん薄くなってくるので、乾燥が気になるようなら、打ち粉を適量ふりながら伸ばします。左手で持ちあげながらローラーに通しましょう

麺帯の乾燥

麺帯が乾燥してしまうとマシンのなかを均等に通らなくなり、写真のように麺帯がよれてしまい、キレイに伸びなくなってしまいます。マシンに通さないときには、必ずラップをかけ乾燥を防ぎましょう。

生地がよれてしまうのは、乾燥している証拠。なるべく避けたい状況です

ハンドルのまわし方

ハンドルは必ず右手でまわしましょう。途中でハンドルの動きを止めて生地の様子を見ながらまわすのではなく、およそ1秒強に1回転の一定のテンポでまわすことが、キレイな麺帯を作るポイントになります。遅すぎると乾燥の原因になります。

生地をできるだけピンと張って作業しましょう

19

6 さらに麺帯を薄くする [目盛り2]

さらに生地の厚みが薄くなるほう（およそ1mm）にダイヤルをまわす。生地の長さが1m近くになるので、下の「長く伸びた生地を折りたたむ」を参考に、麺帯に伸ばしながら打ち粉をふり、折りたたむ。同様にもう1枚も伸ばしながら打ち粉をふり、折りたたむ。

▼ 打ち粉をふりながら折りたたむ

麺帯に打ち粉をふりながら折りたたむ作業を続け、麺帯に全て伸ばし切ったら、麺帯を右手で持ち、左手で打ち粉をふり、折りたたんで仕上げます。打ち粉は、できるだけ高い位置からふりましょう

▼ 長く伸びた生地を折りたたむ

この頃には麺帯も1m近くになり、作業台にのりきらなくなります。麺帯を折りたたみ、スペースをできるだけコンパクトにしましょう

A マシンから麺帯を60cmほど出す
B 打ち粉をふり、手で伸ばして麺帯の表面になじませる
C 左手で麺帯を持ちあげ、幅30cmを目安に麺帯を折りたたむ
D A〜Cを繰り返し、麺帯を重ねていく
E 幅30cmでコンパクトにたたまれた麺帯

7 麺帯を仕上げる [目盛り2]

目盛りはそのままで、6同様に麺帯を伸ばしながら打ち粉をふり、折りたたむ。同様にもう1枚も麺帯を伸ばしながら打ち粉をふり、折りたたむ。

▼ 厚さを仕上げる

麺帯は弾力があり、もとの厚さに戻ろうとします。好みの厚さにしたいときは同じ目盛りのローラーに2回通し、麺帯が戻ろうとするのを防ぎます。今回は厚さをおよそ1mmにしたかったので、[目盛り2]に2回通しています

段階を経て薄く麺帯を伸ばす理由

麺帯はゴムのように弾力があるため、徐々に厚みを薄く伸ばさないと、うまく伸びません。本書では、厚さを3mm1回、2mm1回、1mm2回、計4回ローラーに通して伸ばしました。一気に薄くしようとすると、麺帯に負担がかかり、写真のように破れてしまいます。

麺帯に仕上げたら、目盛りをもとに戻しましょう。次回、戻し忘れたまま使用して失敗してしまう事例もあります

手の使い方

右手はハンドルを持ち、左手は麺帯を持つのが基本。腕をクロスさせないよう心がけましょう。腕の動きが制約をうけ、ハンドルの回転にムラが出たり、麺帯がよじれたり、作業効率が低下してしまいます。

マシンから出てきた麺帯を持つ手が、ハンドルを持つ手と交差しないよう注意しながら作業しましょう

手早くテンポよく進めましょう
製麺する

薄くなった麺帯は乾燥しやすいので、
麺帯が完成したらすぐに製麺作業に入ります。
カッターのセットも手際よく行えるように、
予行しておくことをおすすめします。
ここでは幅4mmの麺の裁断の仕方を解説していきます。

1 カッターをセットし、ハンドルをつけ替える

4mmのカッター、ガイドをマシンにセットし、ハンドルをカッター側につけ替える。

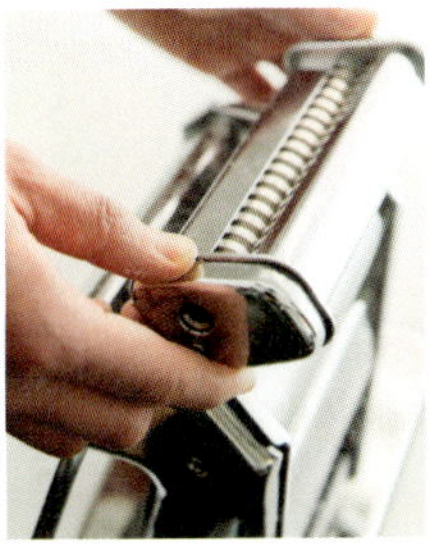

▼ ガイド

ガイドがある機種であれば、マシンに取りつけましょう。製麺をするのに便利です

▼ ハンドルのつけ替え

ローラー側ハンドル取りつけ位置　カッター側ハンドル取りつけ位置

ハンドルのつけ替えは、簡単にできます。製麺するときは、カッター側に取りつけます

2 麺帯を裁断し、20cmに切る

カッターに麺帯を通し、ある程度の長さまで裁断したら、左手で麺を持ちながら長さ20cmのところをキッチンばさみで切り、そのまま左手で切った麺を持つ。

▼ 切り方

乾麺は長さ25cmくらいが一般的です。生麺は、乾麺よりも少し短めの20cmくらいで切ると、食べるときにソースと絡みやすくて、おすすめです。はさみを入れやすい位置でハンドルを止め、切っていきます

左手でひと束にし、一気に切ります。麺帯の最後の長さを20cmに揃えるのは難しいので、その都度、調整してください

カッターを替えて麺幅を楽しむ

カッターを取り替え、麺の幅を変えられます。
本書に登場するのは、4mmのほかに2mm、6.5mmのふたつですが、ほかにもいろいろな幅の刃があり、麺の幅を楽しむことができます。

2mm

6.5mm

生地がカッターに通らない

麺帯がカッターを通らないくらいまで乾燥してしまうと、製麺することができません。ハンドルやカッターを替えるときにも時間がかかりすぎないようにしましょう。その間、麺帯にラップをしておくことをおすすめします。

麺帯を乾燥させないように、じゅうぶん注意しながらてきぱきと作業を進めて麺に仕上げていきましょう

3 切ってすぐに打ち粉をふる

手で持った麺に打ち粉をたっぷりふる。下の「麺に打ち粉を絡める」を参考に打ち粉を麺全体にまぶす。残り半分の麺帯も同様に製麺する。

麺同士がくっつかないように大さじ1以上の打ち粉をたっぷりふりましょう

▼ 麺に打ち粉を絡める

A 麺をゆすりながら作業台の上に置き、打ち粉を麺全体にまぶす　**B** 麺を上に持ちあげる　**C** A〜Bの作業を何度か繰り返し、麺を伸ばしたままとめておく

4 計量してまるめる

全ての麺帯を裁断したら、ひと玉100gになるように計量し、麺をまるめる。

裁断のときに出るあまり麺、サイズに見あわなかった麺も計量のときに入れてしまいましょう

麺のまるめ方　麺は、保存しやすいようにキレイにまるめましょう

A 計量した麺の束の中央を持つ　**B** ゆっくり右手を右にひねり、左手を添える　**C** 右手を180度回転させて、生地をひねる　**D** そっと右手を抜く　**E** 作業台の上に置き、形をととのえる

22

おいしく食べるためにグッと我慢
熟成させる

まるめた麺は、一日間冷蔵庫で寝かせて熟成させます。
すぐにでも食べたいという気持ちを抑えましょう。
麺の風味や旨みは、熟成させたものと
させていないものとでは全く別物です。

1 密閉容器に入れる

キッチンペーパーを敷いた密閉容器に麺を入れる。

▼ 密閉容器の中身

100gで分けると4玉と+αできます。端数分は別にしたまま容器に入れるか、最初から4玉のなかに均等に分けて混ぜてもいいでしょう

2 冷蔵庫で熟成させる

麺の上にキッチンペーパーを敷き、フタをして冷蔵庫で1日間寝かせる。

※基本の麺には卵が入っています。紹介した時間内でも、環境により衛生上問題が生じる場合があります。じゅうぶん注意してください。

密閉容器は、浅型の四角い形が便利です。必ず、フタがあるものを使ってください。熟成の状態は冷蔵庫内の温度などの環境により、変化します

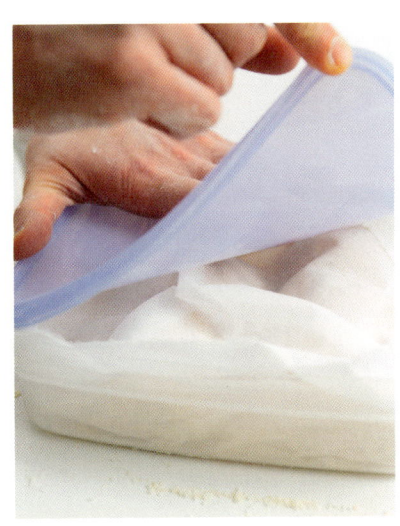

キッチンペーパーの重要性

生地をこねたり、伸ばしたときに出た熱が熟成中に容器内にたまると、密閉容器のフタに水滴として出てきます。必ずクッキングシートを敷きましょう。
そうしないと麺が水滴で溶けてしまう場合があります。

1日間熟成させた容器のクッキングシート。麺から出た水分を吸収しているのが分かります

使ったあとのマシンの掃除

粉が固着してサビる可能性があるので、製麺したらマシンを掃除しましょう。マシンは水あらい厳禁です。水であらわず、ハケなどの毛先が細いものでまんべんなく隅々まで、粉や麺のカスをはらいましょう。

掃除は、目視でマシンに粉がついていないと思う程度でOKです。マシンの掃除は必ず行いましょう

23

まずはトマト味で麺を試食する
調理する

冷蔵庫で熟成させた麺を調理します。
自分で作った麺のでき具合を確かめるために、
はじめて作るパスタは、
シンプルなソースがおすすめです。
ここでは、作り方も簡単な
ポモドーロを例に解説していきます。

1 基本のトマトソースを作る

右の「下ごしらえをする」、「ソースを作る」を参考にトマトソースを作る。

基本のトマトソースの材料

にんにく	1かけ
赤唐辛子	1本
ローリエ（乾燥）	1枚
オリーブオイル	大さじ1
ホールトマト缶詰（400g入り）	1缶

基本のトマトソースの作り方

1. 下ごしらえをする

❶にんにくはみじん切りにする。

❷赤唐辛子はキッチンばさみで縦半分に切り、種を除く。

❸ローリエはコンロの直火で少し表面を焦がす。

2. ソースを作る

❶フライパンにオリーブオイル、にんにく、赤唐辛子を入れて弱火で熱し、にんにくがきつね色になるまで炒める。

❷ホールトマトを加え、木べらでトマトをつぶす。

❸ローリエを加え、ひと煮立ちさせる。

トマトソースの保存方法

「基本のトマトソースの作り方」は、作りやすい量で作っています。そのため、2人前より多くできます。密閉容器に入れて冷凍保存も可能です。1ヵ月以内には食べきりましょう。

ゆで汁

乾麺は浸透圧の関係で、ゆでるときに塩を入れますが、生麺は入れません。ソースと混ぜるときに、最後に塩で味を調整します。打ち粉に片栗粉を混ぜているので、繰り返しゆでる場合は湯を替えましょう。

PART 1
基本の麺の打ち方

2 ポモドーロを作る

右の「麺をゆでる」、「仕上げる」を参考にポモドーロを作る。

ポモドーロの材料(2人分)

基本のトマトソース・・・・・・ 180cc
塩・・・・・・・・・・・・・・・・・・・・・・ 適量

基本の麺(幅4mm)・・・・・・・・ 200g

※生麺のゆで方
一般的な乾麺のスパゲッティーなどにくらべ、ゆで時間は短めです。こまめに引きあげて手でちぎってかたさをチェックしましょう。

1. 麺をゆでる

❶ 深鍋にたっぷりの水を入れて沸かし、麺を入れる。
※水は100gに対して、1ℓ以上必要です。塩は入れないでください。

❷ 好みのかたさになるまで菜箸で混ぜながら、1分30秒～3分ほどゆで、ざるにあげて湯をしっかりきる。
※余熱でソースを絡めて加熱することも考慮してください。

2. 仕上げる

❶ フライパンに基本のトマトソースを入れて弱火で熱し、ソースを温める。

❷ ゆでた麺を加えてソースと絡め、塩で味をととのえる。器に盛りつけ、イタリアンパセリ(分量外)を飾る。

麺打ち中級編 フレーバー
練り込み麺に挑戦!!

麺打ちに慣れてきたら、生地に具を練り込んだ麺を打ってみましょう。
まず、手始めに本書で紹介するトマトソースとジェノバソースを加えて打ってみましょう。
麺はそのまま食べてもいいし、ソースにあわせてもいいでしょう。

香りと見た目の
緑色に癒される
バジル麺

材料（約4人分 1玉100g計算）
基本のジェノバソース
　（作り方はP.32参照）…… 70cc
卵………………………120g
強力粉…………………150g
セモリナ粉……………150g
塩……………… 小さじ1

トマトの
酸味が香る
トマト麺

材料（約4人分 1玉100g計算）
基本のトマトソース
　（作り方はP.24参照）…150cc
強力粉…………………150g
セモリナ粉……………150g
塩……………… 小さじ1

いろいろな素材でできる
練り込み麺

練り込み麺の作り方は、P.11から解説している麺の打ち方と同じです。P.12「水まわしをする」のときに、材料の最後に練り込みたいものを加えれば、あとの作業は同じです。
本書で紹介するのは麺の香りを楽しむ「トマト麺、バジル麺」と、ピリッとしたスパイスがクセになる「黒こしょう麺、唐辛子麺」（P.80）の4種類です。どれもとても簡単に作ることができます。
また、人気のある「ほうれん草」。練り込みやすいようにフードプロセッサーで撹拌し、ペースト状にしてから練りこみましょう。
このほかに黒色のイカスミ、黒ごま、黄色のにんじん、かぼちゃなどが知られています。

PART
2

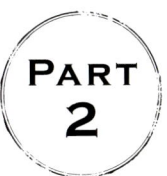

麺幅別レシピ集

麺打ちに慣れてきたら、
麺幅を変えて楽しんでみましょう。
自家製麺の調理例を、4㎜の幅の麺を中心に
6.5㎜、2㎜の麺を使って紹介していきます。

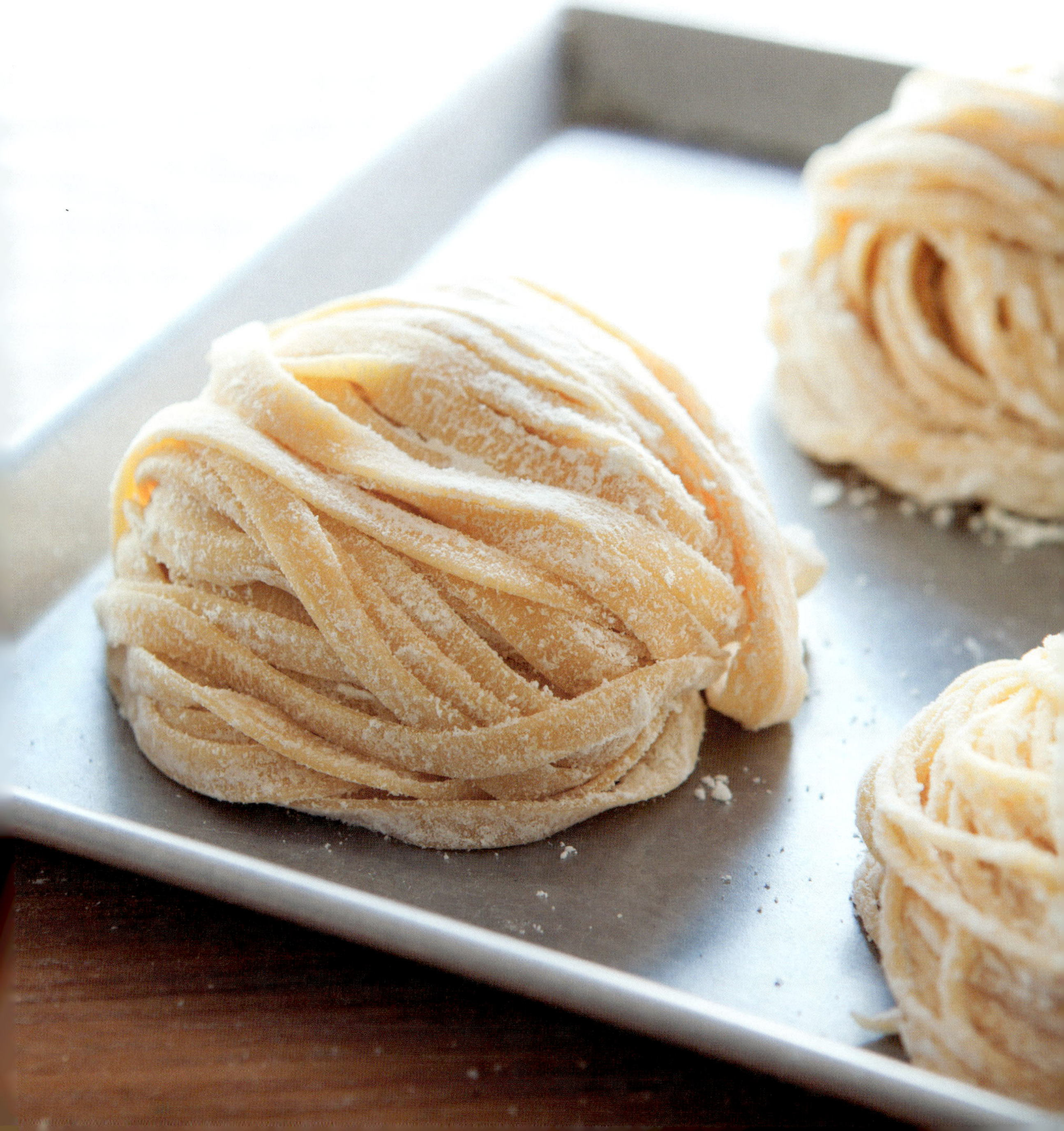

麺幅4mmレシピ

4mmの麺は、クリームはもちろん、どんなソースにもあうオールマイティーな麺幅です。
今回、オイル・和風・クリーム・ジェノバ・トマトの5種類のソースをセレクトしています。

Pasta	4mm
Pasta	6.5mm
Pasta	2mm

PART 2
麺幅4mmレシピ

PARMIGIANO&OLIVE OIL SIMPLE PASTA

パルミジャーノと
オリーブオイルのシンプルパスタ

麺の味を楽しむために、まずはこのレシピから挑戦してみましょう。
風味づけにエキストラバージンオリーブオイルをかけます。

材料(2人分)

エキストラバージンオリーブオイル	小さじ2
パルミジャーノチーズ	大さじ2
塩	適量
黒こしょう(粗びき)	適量
基本の麺(幅4mm)	200g

作り方

1. 麺をゆでる

鍋に湯を沸かし、麺を入れ、1分30秒～3分ほど好みのかたさにゆでる。ざるにあげて湯をしっかりきる。

2. 仕上げる

❶器に麺を盛りつける。

❷エキストラバージンオリーブオイルをかける。

❸パルミジャーノチーズをかける。

❹塩で味をととのえ、黒こしょうをふり、イタリアンパセリ(分量外)を飾る。

オリーブオイル

本書では、素材を炒めるのに使うものと最後に香りづけにかけるものの2種類のオリーブオイルを使い分けています。
香りがとてもよいのが特徴の「エキストラバージンオリーブオイル」は最上級のオイルで、できあがった料理にかけて香りを楽しみます。
もちろん、普通のオリーブオイルで代用しても構いませんが、仕上がりは別物です。一度試してみてください。

PEPERONCINO
ペペロンチーノ

特製ピリ辛でにんにくの香りがたっぷりの
とろみソースが自家製麺によく絡みつきます。

材料（2人分）

にんにく	4かけ
赤唐辛子	2本
オリーブオイル	大さじ2
水	50cc〜
強力粉	小さじ1〜
塩	適量
エキストラバージンオリーブオイル	適量
基本の麺（幅4mm）	200g

※**オイルソースのとろみ**
オイルソースのパスタは、強力粉でとろみをつけることで麺とソースが絡み、にんにくの味がまんべんなく行き渡ります。

作り方

1. 下ごしらえをする
にんにくは包丁のはらでつぶす。赤唐辛子は縦半分に切り、種を除く。

2. ソースを作る

❶フライパンにオリーブオイル、にんにく、赤唐辛子を入れて弱火で熱し、炒める。

❷にんにくがきつね色になったら水を加えてひと煮立ちさせる。

❸強力粉を茶こしでふるい入れて混ぜ、とろみをつける。

※分量通りの水、強力粉を入れて、とろみがたりないときは強力粉、とろみがつきすぎたときは水を適量追加してください。

3. 麺をゆでる
鍋に湯を沸かし、麺を入れ、1分30秒〜3分ほどゆで、ざるにあげて湯をきる。

4. 仕上げる
ソースと麺を混ぜ、塩で味をととのえる。器に盛りつけ、エキストラバージンオリーブオイルをかける。

PART 2
麺幅4mmレシピ

ONION & BACON AMATRICIANA

玉ねぎとベーコンのアマトリチャーナ

常備している食材だけで作れるお手軽レシピ。
玉ねぎの甘みとベーコンの塩味の取りあわせが絶妙です。

材料(2人分)

基本のトマトソース	180cc
玉ねぎ	1/2個
ベーコン(ブロック)	40g
赤唐辛子	1本
オリーブオイル	大さじ1
砂糖	小さじ1
塩	適量
基本の麺(幅4mm)	200g

作り方

1. 下ごしらえをする

P.24「基本のトマトソースの作り方」を参考にトマトソースを作る。玉ねぎは繊維に沿って薄切りにする。ベーコンは拍子木切りにする。赤唐辛子は縦半分に切り、種を除く。

2. ソースを作る

❶フライパンにオリーブオイル、赤唐辛子を入れて弱火で熱し、玉ねぎ、砂糖を加えて炒める。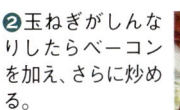

❷玉ねぎがしんなりしたらベーコンを加え、さらに炒める。

❸ベーコンに焼き色がついたら、トマトソースを加え、混ぜる。

3. 麺をゆでる

鍋に湯を沸かし、麺を入れ、1分30秒〜3分ほどゆで、ざるにあげて湯をきる。

4. 仕上げる

ソースと麺を混ぜ、塩で味をととのえる。器に盛りつけ、チャービル(分量外)を飾る。

MOZZARELLA&BACON GENOVESE

モッツァレラとベーコンの ジェノベーゼ

イタリアのジェノバ(Genova)で生まれた爽やかな風味と豊かな香りのソースをふんだんに使ったコク旨パスタ。

材料(2人分)

基本のジェノバソース	60cc
モッツァレラチーズ	80g
ベーコン	50g
いんげん	30g
オリーブオイル	小さじ2
塩	適量
基本の麺(幅4mm)	200g

作り方

1. 下ごしらえし、ソースを作る

❶左の「基本のジェノバソース」を作る。モッツァレラチーズを5mm角に切る。ベーコンは拍子木切りにする。いんげんは斜め薄切りにする。

❷フライパンにオリーブオイル、ベーコン、いんげんを入れて熱し、ベーコンに焼き色がつくまで炒めて火を止める。水を大さじ1(分量外)、ジェノバソースを加える。

2. 麺をゆでる

鍋に湯を沸かし、麺を入れ、1分30秒〜3分ほどゆで、ざるにあげて湯をきる。

3. 仕上げる

ソースと麺、モッツァレラチーズを混ぜ、塩で味をととのえ、器に盛りつける。
※ソースの緑色が鮮やかに保てるように、弱火で仕上げます。

基本のジェノバソースの作り方

材料

- バジルの葉(生) 100g
- にんにく 2かけ
- エキストラバージンオリーブオイル 100cc
- パルミジャーノチーズ 50g

※**保存方法**
「基本のジェノバソース」は作りやすい量で作っています。そのため2人分より多くできます。密閉容器で、冷蔵庫で1週間、冷凍庫で1ヵ月保存可能です。表面を覆うようにオリーブオイルをソースの上にかけ、色止めをしてから保存しましょう。

作り方

❶バジルは水で洗い水けをきる。にんにくは包丁のはらでつぶす。

❷フードプロセッサーにエキストラバージンオリーブオイルを半量入れ、バジル、にんにく、パルミジャーノチーズを加え、さっと撹拌させる。

❸残りのエキストラバージンオリーブオイルを加える。

❹再度、撹拌させ、ペースト状にする。

PART 2
麺幅4mmレシピ

PANCETTA&GORGONZOLA CREAM

パンチェッタとゴルゴンゾーラのクリーム

ゴルゴンゾーラ好きにはたまりません。
パンチェッタの旨みがプラスした深い味わいのひと品。

作り方

1. 下ごしらえをする
パンチェッタはひと口大に切る。

2. ソースを作る
❶ フライパンにオリーブオイルを弱火で熱し、パンチェッタを加えて炒める。

❷ パンチェッタに焼き色がついたら生クリーム、パルミジャーノチーズを加える。

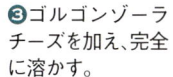

❸ ゴルゴンゾーラチーズを加え、完全に溶かす。

3. 麺をゆでる
鍋に湯を沸かし、麺を入れ、1分30秒〜3分ほどゆで、ざるにあげて湯をきる。

4. 仕上げる
ソースと麺を混ぜ、味をみる。薄ければ塩(分量外)を加え、器に盛りつけ、黒こしょうをふる。

※クリームソースに火を入れすぎると分離してしまうので、弱火で仕上げます。

材料(2人分)

パンチェッタ(スライス)	60g
オリーブオイル	大さじ1
生クリーム	150cc
パルミジャーノチーズ	大さじ1
ゴルゴンゾーラチーズ	40g
黒こしょう(粗びき)	少々
基本の麺(幅4mm)	200g

※ゴルゴンゾーラチーズは、メーカーにより塩分濃度が違います。仕上げで味見をし、薄ければ塩を加えて味をととのえてください。

MOZZARELLA & BASIL TOMATO SAUCE

モッツァレラとバジルのトマトソース

生麺の持ち味が堪能できるシンプルパスタ。
お店で人気NO.1のメニューです。

材料(2人分)

基本のトマトソース	180cc
モッツァレラチーズ	50g
パンチェッタ(スライス)	80g
オリーブオイル	大さじ1
バジルの葉(生)	4枚
塩	適量
基本の麺(幅4mm)	200g

作り方

1. 下ごしらえをする

P.24「基本のトマトソースの作り方」を参考にトマトソースを作る。モッツァレラチーズは厚さ5mmに切る。パンチェッタはひと口大に切る。

2. ソースを作る

❶ フライパンにオリーブオイルを弱火で熱し、パンチェッタを加えて炒める。

❷ パンチェッタに焼き色がついたらトマトソースを加える。

❸ バジルとモッツァレラチーズを加え、チーズが溶けるまで混ぜる。

3. 麺をゆでる

鍋に湯を沸かし、麺を入れ、1分30秒〜3分ほどゆで、ざるにあげて湯をきる。

4. 仕上げる

ソースと麺を混ぜ、塩で味をととのえる。器に盛りつけ、バジルの葉を1枚ずつ(分量外)飾る。

MUSHROOM&BACON WAFU SAUCE
きのことベーコンの和風ソース

しょうゆとのりの香りが食欲をそそる和風ソースのレシピ。
きのこの種類を変えてアレンジも楽しめます。

材料(2人分)

しいたけ	4枚
ベーコン(ブロック)	50g
オリーブオイル	大さじ2
みりん	小さじ2
しょうゆ	大さじ1と1/3
きざみのり	適量
基本の麺(幅4mm)	200g

作り方

1. 下ごしらえをする
しいたけは石づきを切り落とし、6等分に切る。ベーコンは拍子木切りにする。

2. ソースを作る
❶フライパンにオリーブオイルを熱し、しいたけを炒め、焼き色をつける。

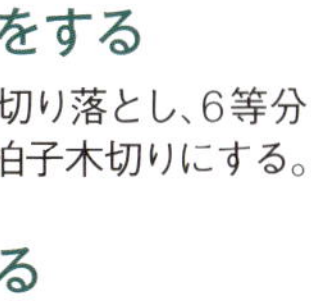

❷ベーコンを加え、焼き色がつくまで、さらに炒める。

❸みりん、しょうゆを加えて混ぜる。

3. 麺をゆでる
鍋に湯を沸かし、麺を入れ、1分30秒〜3分ほどゆで、ざるにあげて湯をきる。

4. 仕上げる
ソースと麺を混ぜる。器に盛りつけ、きざみのりをのせる。

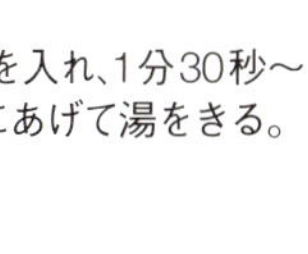

BEEF & SHIMEJI TOMATO CREAM

牛肉としめじのトマトクリーム

トッピングの温泉卵は、クリーム系のパスタにあう素材です。
トマトクリームとあわせて、彩りも美しく。

材料(2人分)

基本のトマトソース	180cc
しめじ	1/2袋(50g)
牛ロース肉	80g
オリーブオイル	大さじ1
生クリーム	大さじ2
塩	適量
温泉卵	2個
基本の麺(幅4mm)	200g

作り方

1. 下ごしらえをする

P.24「基本のトマトソースの作り方」を参考にトマトソースを作る。しめじは石づきを切り落とし、小房に分ける。牛肉は細切りにする。

2. ソースを作る

❶フライパンにオリーブオイルを熱し、牛肉を入れて肉の色が変わるまで炒める。

❷しめじを加え、さらに炒める。

❸トマトソース、生クリームを加えて混ぜる。

3. 麺をゆでる

鍋に湯を沸かし、麺を入れ、1分30秒〜3分ほどゆで、ざるにあげて湯をきる。

4. 仕上げる

ソースと麺を混ぜ、塩で味をととのえる。器に盛りつけ、温泉卵を1個ずつのせる。

EGGPLANT&BACON MELANZANE

なすとベーコンの メランザーネ

たっぷりオイルを吸わせた、なすが主役です。
酸味と辛味が効いたソースが引き立て役です。

材料（2人分）

基本のトマトソース	200cc
なす	1本
ベーコン（ブロック）	50g
赤唐辛子	2本
オリーブオイル	大さじ2
塩	適量
基本の麺（幅4mm）	200g

作り方

1. 下ごしらえをする

P.24「基本のトマトソースの作り方」を参考にトマトソースを作る。なすは幅5mmの輪切りにする。ベーコンは拍子木切りにする。赤唐辛子を縦半分に切り、種を除く。

2. ソースを作る

❶フライパンにオリーブオイルと赤唐辛子を入れて弱火で熱し、じっくり炒める。

❷なすをフライパンに重ならないように敷き詰め、しんなりするまで両面を炒める。

❸ベーコンを加え、焼き色がつくまで炒めたらトマトソースを加える。

3. 麺をゆでる

鍋に湯を沸かし、麺を入れ、1分30秒〜3分ほどゆで、ざるにあげて湯をきる。

4. 仕上げる

ソースと麺を混ぜ、塩で味をととのえ、器に盛りつける。

OYSTER&DRIED BONITO TOMATO SAUCE

牡蠣とかつおぶしのトマトソース

かつおぶしを入れることで旨みが倍増します。
お店オリジナルの冬期限定メニューです。

材料(2人分)

基本のトマトソース‥‥‥ 180cc
オリーブオイル‥‥‥‥‥大さじ1
牡蠣(むき身・加熱用)‥‥‥‥6個
かつおぶし‥‥‥‥‥‥1袋(2.5g)
塩‥‥‥‥‥‥‥‥‥‥‥‥‥適量

基本の麺(幅4mm)‥‥‥‥‥200g

作り方

1. 下ごしらえをする
P.24「基本のトマトソースの作り方」を参考にトマトソースを作る。

2. ソースを作る
❶フライパンにオリーブオイルを弱火で熱し、牡蠣を入れる。

❷かつおぶしを加え、牡蠣の身がくずれないようにフライパンをゆすりながら炒める。

❸トマトソースを加え、ソースをさっと温める。

※牡蠣に火を通しすぎると身がかたくなるので、注意してください。

3. 麺をゆでる
鍋に湯を沸かし、麺を入れ、1分30秒〜3分ほどゆで、ざるにあげて湯をきる。

4. 仕上げる
ソースと麺を混ぜ、塩で味をととのえ、器に盛りつける。

SCALLOP&ENOKI GENOVESE

帆立とえのきのジェノベーゼ

貝柱からにじみ出た芳醇なだしが
えのき茸と麺にしっかりとしみ込みます。

PART 2
麺幅4mmレシピ

材料（2人分）

基本のジェノバソース	60cc
帆立貝柱（生食用）	6個
えのき茸	1/4袋（25g）
オリーブオイル	小さじ1
塩	適量
基本の麺（幅4mm）	200g

作り方

1. 下ごしらえをする

P.32「基本のジェノバソースの作り方」を参考にジェノバソースを作る。帆立は厚みを半分にし、12個にする。えのきは石づきを切り落とし、半分に切る。

2. ソースを作る

❶ フライパンにオリーブオイルを弱火で熱し、帆立、えのきを入れて炒める。

❷ 帆立に7割程度火が通ったら火を止め、水を大さじ1（分量外）加える。

❸ ジェノバソースを加える。

3. 麺をゆでる

鍋に湯を沸かし、麺を入れ、1分30秒〜3分ほどゆで、ざるにあげて湯をきる。

4. 仕上げる

ソースと麺を混ぜ、塩で味をととのえ、器に盛りつける。

※ソースの緑色が鮮やかに保てるように、弱火で仕上げます。

GARLIC LOVER'S TOMATO SAUCE
にんにく好きのためのトマトソース

1人前あたり、にんにくを3かけも使っています。
にんにくの香り、味、食感の全てが味わえます。

材料(2人分)

基本のトマトソース	180cc
にんにく	6かけ
オリーブオイル	大さじ1
塩	適量
基本の麺(幅4mm)	200g

作り方

1. 下ごしらえをする

P.24「基本のトマトソースの作り方」を参考にトマトソースを作る。にんにくは1かけをみじん切りにし、残りは包丁のはらでつぶす。

2. ソースを作る

❶ フライパンにオリーブオイルを弱火で熱し、つぶしたにんにく5かけを加える。

❷ フライパンを傾け、オリーブオイルとにんにくを1ヵ所に集め、じっくり炒める。

❸ にんにくがきつね色になったら、トマトソースを加え、ソースを温める。

3. 麺をゆでる

鍋に湯を沸かし、麺を入れ、1分30秒〜3分ほどゆで、ざるにあげて湯をきる。

4. 仕上げる

ソースと麺を混ぜ、みじん切りにしたにんにくを和える。塩で味をととのえ、器に盛りつける。

Tomato Soup pasta
トマトスープの パスタ

トマトの酸味が効いたスープパスタ。
麺がスープを少し吸ったくらいが食べごろです。

材料(2人分)

基本のトマトソース	200cc
ソーセージ(粗びき)	4本
ブロッコリー	40g
水	200cc
にんにく(すりおろし)	小さじ1/2
コンソメ(顆粒)	小さじ1/2
塩	適量
パルミジャーノチーズ	適量
基本の麺(幅4mm)	200g

作り方

1. 下ごしらえをする
P.24「基本のトマトソースの作り方」を参考にトマトソースを作る。ソーセージは幅1cmの斜め切りにする。ブロッコリーは小房に分ける。

2. スープを作る
❶フライパンにトマトソースを入れて火にかけ、煮立たせる。

❷水を加え、ひと煮立ちさせる。

❸ソーセージ、ブロッコリー、にんにく、コンソメを加え、やわらかくなるまで煮込み、塩で味をととのえる。

3. 麺をゆでる
鍋に湯を沸かし、麺を入れ、1分30秒〜3分ほどゆで、ざるにあげて湯をきる。

4. 仕上げる
器に麺を盛りつけ、スープを注ぎ、パルミジャーノチーズをかける。

TURNIP&IKURA WAFU SAUCE

かぶといくらの和風ソース

かぶは麺に絡むようにおろしてソースにしています。
かぶの甘みを感じられるあっさりした味つけです。

材料(2人分)

かぶ(小)	2個
かぶの茎	20g
オリーブオイル	小さじ1
塩	適量
いくら	50g
基本の麺(幅4mm)	200g

作り方

1. 下ごしらえをする
かぶはすりおろし、おろし汁も含めて全量が100gになるように計量してとっておく。かぶの茎は細かく切る。

2. ソースを作る
❶フライパンにオリーブオイルを弱火で熱し、おろしたかぶを加える。

❷さっと炒め、煮立ったらかぶの茎を加える。

❸まんべんなく混ぜながら炒める。

3. 麺をゆでる
鍋に湯を沸かし、麺を入れ、1分30秒～3分ほどゆで、ざるにあげて湯をきる。

4. 仕上げる
ソースと麺を混ぜ、塩で味をととのえる。器に盛りつけ、いくらを25gずつのせる。

DRIED YOUNG SARDINES & DRIED BONITO
しらすとかつおぶし

しらすの旨みがかつおぶしを加えることで、ぐっと増します。
フライパンを使わず、混ぜるだけでさっとできるひと皿です。

材料（2人分）

しらす干し	50g
かつおぶし	1袋（2.5g）
塩	適量
エキストラバージンオリーブオイル	適量
基本の麺（幅4mm）	200g

作り方

1. 麺をゆでる
鍋に湯を沸かし、麺を入れ、1分30秒〜3分ほどゆで、ざるにあげて湯をきる。

2. 具材と麺を混ぜる
❶ボウルにゆであがった麺、しらす干しとかつおぶしを半量ずつ入れる。

❷麺としらす干し、かつおぶしが絡むようによく混ぜる。

❸塩で味をととのえる。

3. 仕上げる
器に麺を盛りつけ、残りのしらす干しとかつおぶしを半量ずつかけ、エキストラバージンオリーブオイルをかける。

SALMON&CABBAGE CREAM
鮭とキャベツのクリーム

キャベツの歯ごたえが心地よい、
大きめの具でボリュームUPしたクリームソースの定番。

材料（2人分）

生鮭（切り身）	1切れ（80g）
キャベツ	60g
オリーブオイル	大さじ1
生クリーム	150cc
パルミジャーノチーズ	大さじ2
塩	適量
黒こしょう（粗びき）	適量
基本の麺（幅4mm）	200g

作り方

1. 下ごしらえをする
鮭はひと口大に切る。キャベツは3cm角に切る。

2. ソースを作る
❶フライパンにオリーブオイルを弱火で熱し、鮭に焼き色がつくまで炒める。

❷生クリーム、パルミジャーノチーズを加え、煮込む。

❸鮭に火が通ったらキャベツを加え、さっと混ぜる。

3. 麺をゆでる
鍋に湯を沸かし、麺を入れ、1分30秒〜3分ほどゆで、ざるにあげて湯をきる。

4. 仕上げる
ソースと麺を混ぜ、塩で味をととのえる。器に盛りつけ、黒こしょうをふる。

※クリームソースに火を入れすぎると分離してしまうので、弱火で仕上げます。

SHRIMP&BROCCOLI ALL'ARRABBIATA

えびとブロッコリーの
アラビアータ

辛味、酸味、甘味が麺にしっかりと絡みつく
極旨のアラビアータソース。
えびのプリプリ感と見た目にも鮮やかな
ブロッコリーの食感がアクセントになります。

材料（2人分）

基本のトマトソース	180cc
ブロッコリー	80g
むきえび	80g
にんにく	2かけ
赤唐辛子	3本
オリーブオイル	大さじ1
塩	適量
基本の麺（幅4mm）	200g

作り方

1. 下ごしらえをする

P.24「基本のトマトソースの作り方」を参考にトマトソースを作る。ブロッコリーは小房に分ける。えびは背わたをとる。にんにくは包丁のはらでつぶす。赤唐辛子は縦半分に切り、種を除く。

2. ソースを作る

❶フライパンにオリーブオイル、にんにく、赤唐辛子を入れて弱火で熱し、えびを加えて炒める。

❷えびの色が変わったらトマトソースを加え、混ぜる。

3. 麺とブロッコリーをゆでる

鍋に湯を沸かし、麺、ブロッコリーを入れ、1分30秒〜3分ほどゆで、ざるにあげて湯をきる。

4. 仕上げる

ソースと麺、ブロッコリーを混ぜ、塩で味をととのえ、器に盛りつける。

OCTOPUS & OLIVE GENOVESE

たことオリーブのジェノベーゼ

甘みのある、ぷりっとした、たこをオリーブのコクのある塩分が見事に演出。
さっぱりとした味わいに仕上がります。

材料(2人分)

基本のジェノバソース 60cc
ゆでたこの足 ...... 1/2本(100g)
グリーンオリーブ(種なし)
.... 6個
オリーブオイル 大さじ1
塩 .... 適量

基本の麺(幅4mm) 200g

作り方

1. 下ごしらえをする
P.32「基本のジェノバソースの作り方」を参考にジェノバソースを作る。たこは幅2cmに切る。グリーンオリーブは4等分に切る。

2. ソースを作る
❶ フライパンにオリーブオイルを弱火で熱し、たこを炒める。

❷ たこが温まったら火を止めて、水を大さじ1(分量外)、グリーンオリーブを加える。

❸ ジェノバソースを加える。

3. 麺をゆでる
鍋に湯を沸かし、麺を入れ、1分30秒〜3分ほどゆで、ざるにあげて湯をきる。

4. 仕上げる
ソースと麺を混ぜ、塩で味をととのえ、器に盛りつける。

※ソースの緑色が鮮やかに保てるように、弱火で仕上げます。

PORCINI & MINCED MEAT CREAM

ポルチーニ茸と
ひき肉のクリーム

ポルチーニの香りを楽しむパスタです。
ひき肉とあわせ、濃厚で満足感のある仕上がりです。

材料（2人分）

オリーブオイル	大さじ1
豚ひき肉	80g
ポルチーニ茸（乾燥）	20g
生クリーム	150cc
パルミジャーノチーズ	大さじ2
塩	適量
黒こしょう（粗びき）	適量
基本の麺（幅4mm）	200g

作り方

1. ソースを作る

❶フライパンにオリーブオイルを熱し、ひき肉を加えて肉の色が変わるまで炒める。

❷ポルチーニ茸、かぶるくらいの水（分量外）を加え、水分を吸ってやわらかくなるまで煮つめる。

❸ソースが煮つまったら、生クリーム、パルミジャーノチーズを加えて混ぜる。

2. 麺をゆでる

鍋に湯を沸かし、麺を入れ、1分30秒〜3分ほどゆで、ざるにあげて湯をきる。

3. 仕上げる

ソースと麺を混ぜ、塩で味をととのえる。器に盛りつけ、黒こしょうをふる。

※クリームソースに火を入れすぎると分離してしまうので、弱火で仕上げます。

PESCATORE
ペスカトーレ

魚介の深い旨みをたっぷり加えたソースが
麺にもしっかりしみ込んで至高の味わいです。

材料(2人分)

基本のトマトソース	180cc
あさり(殻つき)	100g
ゆでたこの足	1/4本(50g)
むきえび	50g
にんにく	1かけ
玉ねぎ	20g
グリーンオリーブ(種なし)	4個
赤唐辛子	3本
オリーブオイル	大さじ1
白ワイン	100cc
基本の麺(幅4mm)	200g

作り方

1. 下ごしらえをする

P.24「基本のトマトソースの作り方」を参考にトマトソースを作る。あさりは砂出しをし、殻をこすりあわせてあらい水けをきる。たこはひと口大に切る。えびは背わたをとる。にんにくはみじん切りにする。玉ねぎは薄切りにする。グリーンオリーブは4等分に切る。赤唐辛子は縦半分に切り、種を除く。

2. ソースを作る

❶フライパンにオリーブオイルを熱し、にんにく、赤唐辛子を入れて香りが出るまで炒める。

❷玉ねぎを加えて炒め、しんなりしたら、あさり、たこ、えび、グリーンオリーブ、白ワインを加える。

❸フタをし、あさりの口が開くまで蒸し煮にする。

❹フタをとり、水分を少し飛ばしてからトマトソースを加え、混ぜる。

3. 麺をゆでる

鍋に湯を沸かし、麺を入れ、1分30秒〜3分ほどゆで、ざるにあげて湯をきる。

4. 仕上げる

あさりはいったん取り出し、ソースと麺を混ぜる。器に盛りつけ、取り出したあさりをのせる。

NAPOLITAN
洋食屋さんの
ナポリタン

昔懐かしい味をひと手間かけて作ります。
隠し味の生クリームであの味が見事に表現できます。

材料(2人分)

ベーコン(ブロック)	20g
玉ねぎ	20g
ピーマン	10g
オリーブオイル	大さじ1
ケチャップ	80cc
生クリーム	小さじ2
バター	10g
パルミジャーノチーズ	大さじ2
基本の麺(幅4mm)	200g

作り方

1. 下ごしらえをする
ベーコンは拍子木切りにする。玉ねぎは薄切りにする。ピーマンは幅3mmに切る。

2. ソースを作る
❶フライパンにオリーブオイル、ベーコンを入れて熱し、玉ねぎ、ピーマンを加え、炒める。

❷ベーコンに焼き色がついたらケチャップを加え、煮立たせて酸味を飛ばす。

❸生クリームを加えて混ぜる。

3. 麺をゆでる
鍋に湯を沸かし、麺を入れ、2分〜3分ほどゆで、ざるにあげて湯をきる。

4. 仕上げる
ソースと麺を混ぜる。バター、パルミジャーノチーズを加え、さらに混ぜる。器に盛りつけ、パルミジャーノチーズを大さじ1ずつ(分量外)かける。

MUSHROOM PEPERONCINO
たっぷりきのこのペペロンチーノ

2種類のきのこが加わり、いつものペペロンチーノとはまたちがった味が楽しめます。
なめ茸のぬめりがソースにとろみをつけてくれます。

材料(2人分)

- えのき茸 ……………… 1/2袋(50g)
- にんにく ……………… 4かけ
- 赤唐辛子 ……………… 2本
- オリーブオイル ……… 大さじ2
- 水 ……………………… 50cc〜
- なめ茸 ………………… 50g
- 塩 ……………………… 適量
- エキストラバージンオリーブオイル
  ……………………… 適量
- 基本の麺(幅4mm) ……… 200g

作り方

1. 下ごしらえをする
えのきは石づきを切り落とし、半分に切ってほぐす。にんにくは包丁のはらでつぶす。赤唐辛子は縦半分に切り、種を除く。

2. ソースを作る
❶ フライパンにオリーブオイル、にんにく、赤唐辛子を入れて弱火で熱し、じっくり炒める。

❷ にんにくがきつね色になったら、水を加えてひと煮立ちさせ、えのき、なめ茸を加える。

❸ 軽く混ぜる。

3. 麺をゆでる
鍋に湯を沸かし、麺を入れ、1分30秒〜3分ほどゆで、ざるにあげて湯をきる。

4. 仕上げる
ソースと麺を混ぜ、塩で味をととのえる。器に盛りつけ、エキストラバージンオリーブオイルをかける。

Meat sauce
洋食屋さんのミートソース

隠し味の黒砂糖で色味とコクを意図的に盛っています。
日本人好みの懐かしい味になります。

材料（2人分）

基本のトマトソース	180cc
玉ねぎ	1/4個
オリーブオイル	大さじ2
豚ひき肉	80g
黒砂糖	小さじ1と1/2
赤ワイン	50cc
バター	10g
パルミジャーノチーズ	大さじ2
基本の麺（幅4mm）	200g

作り方

1. 下ごしらえをする
P.24「基本のトマトソースの作り方」を参考にトマトソースを作る。玉ねぎはみじん切りにする。

2. ソースを作る
❶フライパンにオリーブオイルを弱火で熱し、玉ねぎ、ひき肉、黒砂糖を加えて炒める。

❷ひき肉の色が変わったら赤ワインを加え、水分が飛ぶまで煮込む。

❸トマトソースを加え、ソースを温める。

3. 麺をゆでる
鍋に湯を沸かし、麺を入れ、1分30秒〜3分ほどゆで、ざるにあげて湯をきる。

4. 仕上げる
ソースと麺を混ぜ、バターを加え、さらに混ぜる。器に盛りつけ、パルミジャーノチーズを大さじ1ずつかける。

DRIED TOMATO&DRIED BONITO PEPERONCINO

ドライトマトとかつおぶしの
ペペロンチーノ

滋味に富んだ素材同士を噛みごたえ豊かな麺がまとめます。
さっと作れるところもこのレシピのおすすめです。

材料(2人分)

にんにく	4かけ
赤唐辛子	2本
ドライトマト(オイル漬け)	50g
オリーブオイル	大さじ2
水	50cc〜
かつおぶし	1袋(2.5g)
強力粉	小さじ1〜
塩	適量
エキストラバージンオリーブオイル	適量
基本の麺(幅4mm)	200g

作り方

1. 下ごしらえをする
にんにくは包丁のはらでつぶす。赤唐辛子は縦半分に切り、種を除く。ドライトマトは半量をみじん切りにする。

2. ソースを作る
❶フライパンにオリーブオイル、にんにく、赤唐辛子を入れて弱火で熱し、じっくり炒める。

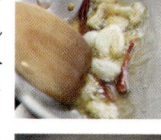

❷にんにくがきつね色になったら、水を加えてひと煮立ちさせ、ドライトマトを全量加える。

❸かつおぶしを加え、さっと煮込む。強力粉を茶こしでふるい入れて混ぜ、とろみをつける。

※分量通りの水、強力粉を入れて、とろみがたりないときは強力粉、とろみがつきすぎたときは水を適量追加してください。

3. 麺をゆでる
鍋に湯を沸かし、麺を入れ、1分30秒〜3分ほどゆで、ざるにあげて湯をきる。

4. 仕上げる
ソースと麺を混ぜ、塩で味をととのえる。器に盛りつけ、エキストラバージンオリーブオイルをかけ、チャービル(分量外)を飾る。

SEA URCHIN GENOVESE

うにの
ジェノベーゼ

加熱を最小限におさえて、
新鮮なうにの風味をとどめます。
濃厚な甘みいっぱいのぜいたくなひと皿。

材料(2人分)

基本のジェノバソース	60cc
オリーブオイル	小さじ1
うに(生)	80g
塩	適量
基本の麺(幅4mm)	200g

作り方

1. 下ごしらえをする
P.32「基本のジェノバソースの作り方」を参考にジェノバソースを作る。

2. ソースを作る
❶フライパンにオリーブオイル、ジェノバソース、うにを入れて弱火で熱する。

❷うにの身がくずれすぎないようにさっと混ぜあわせ、火を止める。

3. 麺をゆでる
鍋に湯を沸かし、麺を入れ、1分30秒〜3分ほどゆで、ざるにあげて湯をきる。

4. 仕上げる
ソースと麺を混ぜ、塩で味をととのえ、器に盛りつける。

※ソースの緑色が鮮やかに保てるように、弱火で仕上げます。

SEA BREAM&SCALLOP
PEPERONCINO

真鯛と帆立の
ペペロンチーノ

魚介のダシがオイルソースに加わり、
味に深みが増します。
ズッキーニを加えて
彩りも鮮やかな印象です。

材料(2人分)

にんにく	4かけ
赤唐辛子	2本
真鯛(切り身)	1切れ(80g)
帆立貝柱	3個
ズッキーニ	5cm
玉ねぎ	40g
オリーブオイル	大さじ2
水	50cc〜
強力粉	小さじ1〜
塩	適量
基本の麺(幅4mm)	200g

作り方

1. 下ごしらえをする

にんにくは包丁のはらでつぶす。赤唐辛子は縦半分に切り、種を除く。鯛は食べやすい大きさに切る。帆立は厚みを半分にし、6個にする。ズッキーニは10等分の輪切りにする。玉ねぎは薄切りにする。

2. ソースを作る

❶フライパンにオリーブオイルを弱火で熱し、鯛を入れて炒め、焼き色がついたら取り出す。

❷❶のフライパンにオリーブオイルを大さじ2(分量外)追加し、にんにく、赤唐辛子を加えて弱火で熱し、にんにくがきつね色になるまでじっくり炒める。

❸玉ねぎ、帆立、ズッキーニを加えて火が通るまで炒める。水を加え、強力粉を茶こしでふるい入れて混ぜ、とろみをつける。

※分量通りの水、強力粉を入れて、とろみがたりないときは強力粉、とろみがつきすぎたときは水を適量追加してください。

3. 麺をゆでる

鍋に湯を沸かし、麺を入れ、1分30秒〜3分ほどゆで、ざるにあげて湯をきる。

4. 仕上げる

ソースと麺を混ぜる。鯛を加えてさっと混ぜ、塩で味をととのえ、器に盛りつける。

PART 2
麺幅4mmレシピ

VONGOLE BIANCO

ボンゴレビアンコ

少し早めに麺をゆであげ、ソースと絡める時間を長めにしています。
あさりの旨みが麺にぐっとしみ込みます。

材料(2人分)

あさり(殻つき)	200g
にんにく	4かけ
赤唐辛子	2本
オリーブオイル	大さじ2
水	50cc〜
白ワイン	100cc
強力粉	小さじ1〜
塩	適量
エキストラバージンオリーブオイル	適量
基本の麺(幅4mm)	200g

作り方

1. 下ごしらえをする

あさりは砂出しをし、殻をこすりあわせてあらい水けをきる。にんにくは包丁のはらでつぶす。赤唐辛子は縦半分に切り、種を除く。

2. ソースを作る

❶フライパンにオリーブオイル、にんにく、赤唐辛子を入れて弱火で熱し、じっくり炒める。

❷にんにくがきつね色になったら、水を加えてひと煮立ちさせる。

❸あさり、白ワインを加えてフタをし、あさりの口が開くまで、蒸し煮にする。

❹強力粉を茶こしでふるい入れて混ぜ、とろみをつける。

※分量通りの水、強力粉を入れて、とろみがたりないときは強力粉、とろみがつきすぎたときは水を適量追加してください。

3. 麺をゆでる

鍋に湯を沸かし、麺を入れ、1分15秒〜2分45秒ほどゆで、ざるにあげて湯をきる。

4. 仕上げる

ソースと麺を混ぜ、塩で味をととのえる。器に盛りつけ、エキストラバージンオリーブオイルをかける。

Soy sauce Bolognese

しょうゆボロネーゼ

ボロネーゼを和風にアレンジしてみました。
しょうゆベースでさっぱり食べられます。

材料(2人分)

玉ねぎ	80g
オリーブオイル	大さじ1
にんにく(すりおろし)	小さじ1
豚ひき肉	80g
砂糖	小さじ1
しょうゆ	大さじ1と1/3
水	大さじ2〜
強力粉	小さじ1〜
基本の麺(幅4mm)	200g

作り方

1. 下ごしらえをする
玉ねぎはみじん切りにする。

2. ソースを作る
❶フライパンにオリーブオイルを熱し、にんにく、ひき肉、玉ねぎを入れて炒める。

❷砂糖を加え、ひき肉の色が変わったら、しょうゆ、水を加える。

❸強力粉を茶こしでふるい入れて混ぜ、とろみをつける。

※分量通りの水、強力粉を入れて、とろみがたりないときは強力粉、とろみがつきすぎたときは水を適量追加してください。

3. 麺をゆでる
鍋に湯を沸かし、麺を入れ、1分30秒〜3分ほど好みのかたさにゆでる。

4. 仕上げる
ソースと麺を混ぜ、器に盛りつける。

OKRA&SASAMI GENOVESE

おくらとささみの ジェノベーゼ

あっさりしたパスタが
食べたいときにはこれです。
やさしい味の材料で
さっと仕上げます。

材料（2人分）

基本のジェノバソース	60cc
ささみ	1枚
おくら	3本
オリーブオイル	小さじ1
塩	適量
基本の麺（幅4mm）	200g

作り方

1. 下ごしらえをする

P.32「基本のジェノバソースの作り方」を参考にジェノバソースを作る。ささみはさっとゆでて冷水にとり、水けをきり、幅5mm程度にさく。おくらは小口切りにする。

2. ソースを作る

❶フライパンにオリーブオイルを弱火で熱し、ささみを入れて焼き色がつくまで炒める。

❷おくらを加え、さっと炒めて火を止める。水を大さじ1（分量外）加え、ジェノバソースを加える。

3. 麺をゆでる

鍋に湯を沸かし、麺を入れ、1分30秒〜3分ほど好みのかたさにゆでる。

4. 仕上げる

ソースと麺を混ぜ、塩で味をととのえ、器に盛りつける。

※ソースの緑色が鮮やかに保てるように、弱火で仕上げます。

SEA URCHIN TOMATO CREAM

うにの
トマトクリーム

これでもか、と濃い風味が好きな人が喜ぶパスタです。
新鮮なうにが手に入ったら試してみてください。

材料(2人分)

基本のトマトソース………100cc
オリーブオイル………大さじ1
生クリーム…………… 80cc
パルミジャーノチーズ…大さじ2
うに(生)……………… 50g
塩………………………適量

基本の麺(幅4mm)……… 200g

作り方

1. 下準備をする
P.24「基本のトマトソースの作り方」を参考にトマトソースを作る。

2. ソースを作る
❶フライパンにオリーブオイル、トマトソース、生クリーム、パルミジャーノチーズを入れる。 
❷煮立ったら、うにを加える。 
❸うにの身がくずれすぎないように混ぜ、うににさっと火を通す。

3. 麺をゆでる
鍋に湯を沸かし、麺を入れ、1分30秒〜3分ほどゆで、ざるにあげて湯をきる。

4. 仕上げる
ソースと麺を混ぜ、塩で味をととのえる。器に盛りつけ、チャービル(分量外)を飾る。

AVOCADO&SHRIMP GENOVESE
アボカドとえびのジェノベーゼ

アボカドとジェノバソースは相性がいい組みあわせです。
やわらかいアボカドは、つぶしすぎないように注意しましょう。

材料(2人分)

基本のジェノバソース	60cc
アボカド	1個
むきえび	80g
オリーブオイル	大さじ1
塩	適量
基本の麺(幅4mm)	200g

作り方

1. 下ごしらえをする
P.32「基本のジェノバソースの作り方」を参考にジェノバソースを作る。アボカドは1cm角に切る。えびは背わたをとる。

2. ソースを作る
❶フライパンにオリーブオイル、えびを入れて熱し、炒める。

❷えびの色が変わったら火を止め、水を大さじ1(分量外)加える。

❸ジェノバソース、アボカドを加える。

3. 麺をゆでる
鍋に湯を沸かし、麺を入れ、1分30秒〜3分ほどゆで、ざるにあげて湯をきる。

4. 仕上げる
ソースと麺を混ぜ、塩で味をととのえ、器に盛りつける。

※ソースの緑色が鮮やかに保てるように、弱火で仕上げます。

SPINACH BOLOGNESE BIANCO

ほうれん草の ボロネーゼビアンコ

食べ慣れた赤いボロネーゼとは
見た目にもちがいます。
味もしっかりめで
二重の驚きが楽しめます。

材料（2人分）

ほうれん草	1/5わ（40g）
赤唐辛子	1本
玉ねぎ	60g
オリーブオイル	大さじ1
豚ひき肉	100g
砂糖	小さじ1
水	50cc〜
強力粉	小さじ1〜
塩	適量
パルミジャーノチーズ	大さじ2
黒こしょう（粗びき）	適量
基本の麺（幅4mm）	200g

作り方

1. 下ごしらえをする

ほうれん草は長さを4等分に切る。赤唐辛子は縦半分に切り、種を除く。玉ねぎは薄切りにする。

2. ソースを作る

❶フライパンにオリーブオイル、赤唐辛子を入れて弱火で熱し、じっくり炒める。

❷ひき肉、玉ねぎ、砂糖を加えて炒め、肉の色が変わったら、水を加える。

❸強力粉を茶こしでふるい入れて混ぜ、とろみをつける。

※分量通りの水、強力粉を入れて、とろみがたりないときは強力粉、とろみがつきすぎたときは水を適量追加してください。

❹ほうれん草を加え、さっと炒める。

3. 麺をゆでる

鍋に湯を沸かし、麺を入れ、1分30秒〜3分ほどゆで、ざるにあげて湯をきる。

4. 仕上げる

ソースと麺を混ぜ、塩で味をととのえる。器に盛りつけ、パルミジャーノチーズを大さじ1ずつかけ、黒こしょうをふる。

CELERY&BACON TOMATO SAUCE
セロリとベーコンのトマトソース

ちょっとクセのあるところがたまらないセロリ。
茎だけではなく、葉も炒め込んで香りを倍増させています。

材料(2人分)

基本のトマトソース	180cc
セロリ	1/2本
ベーコン(ブロック)	20g
オリーブオイル	大さじ1
塩	適量
基本の麺(幅4mm)	200g

作り方

1. 下ごしらえをする

P.24「基本のトマトソースの作り方」を参考にトマトソースを作る。セロリは葉と茎に分け、葉はザク切りにし、茎は幅1.5cmの斜め切りにする。ベーコンは拍子木切りにする。

2. ソースを作る

❶フライパンにオリーブオイル、ベーコンを入れて熱し、焼き色がつくまで炒める。

❷セロリの茎を加え、しんなりするまで炒め、葉を加えてさらに炒める。

❸トマトソースを加えて混ぜる。

3. 麺をゆでる

鍋に湯を沸かし、麺を入れ、1分30秒〜3分ほどにゆで、ざるにあげて湯をきる。

4. 仕上げる

ソースと麺を混ぜ、塩で味をととのえ、器に盛りつける。

本書監修者の阿久津さんが語る
プロ麺

本書で紹介した麺は、自宅でも店の味に近い味を楽しめるようにと
PASTA COHオーナーシェフの阿久津さんが店で出している麺をアレンジしたもの。
作りやすさと生麺の持ち味を前面に出した麺。
では、そのベースになったプロ仕様の麺はどのようなものだろう

裁断

全長20cmで裁断していく。自家製麺はスープに絡みやすいように市販の乾燥パスタにくらべ、長さが少し短め

狭小だが機能的
作業場

毎日100人近くの来客でにぎわう人気店「PASTA COH」。阿久津さんの打つ生麺の魅力にはまった常連客も多い。厨房脇に1畳ほどのスペースがあり、そこで毎日、阿久津さん本人が麺を打っている。パスタマシンは電動式のものを使用している。電動といっても、一度の作業でできる麺の量は、およそ20人前。これを一日数回繰り返し、麺打ちだけで平均2時間半かかる。

「今回紹介した自家製麺のレシピは、オールシーズン使えるように配合しました。それとは真逆に店で出す麺は、こだわれるだけこだわりたいと思い、天候や季節によって、つまり気温や湿度などで、卵の量を日々微調整しています。感覚の問題なので、どれくらいの量とか表現することができないのですが…。このあたりが自分のもとめる麺に仕上げるためにとても神経を使うところです。また、そこがこの仕事のおもしろさであり、魅力かもしれませんね。」(阿久津さん)

めん棒を使う

生地をめん棒で伸ばす作業などは、専用の作業場で行っている

麺帯にする

手慣れたスピードで麺帯にしていく

自家製麺

自分なりに麺のおいしさを追求できるのが自家製麺のおもしろいところ

アルデンテとは別次元
理想とする麺

「僕が考える生麺のおもな特徴は、麺に噛みごたえがあり、粉の風味を感じることができてソースとよく絡むというところだと思います。乾麺のパスタとのあきらかなちがいとして、ゆで時間が短い、ゆで汁に塩を入れない、アルデンテがないこともあげられます。パスタは乾麺に慣れている方が多いので、そのちがいにびっくりされますね」(阿久津さん)

なるほど、つまり同じパスタと呼んでいても、日本そば、うどんと同様に乾麺と手打ち麺は、まるでちがう食感。双方によさがあり、それぞれの特徴を生かしたレシピが存在する。阿久津さんには生パスタならではのセオリーがあり、それを心がけることで、家庭でもプロ顔負けの麺を作ることができるという。

「もちもちとした噛みごたえのある麺を作り出すためには、乾燥させないことが重要です。グルテンが形成されることにより、麺にコシが出て歯ごたえのある麺ができます。粉の粒子の奥まで水分を行き渡らせるイメージで麺を打つといいでしょう」(阿久津さん)

グルテンの形成
[こね終わった直後]

[20分休ませたもの]

写真は、こね終わった直後(写真上)と20分ほど休ませて生地を同じ力で伸ばしたもの(写真下)。生地を休ませることでグルテンが形成され、表面がキレイに伸びているのがひと目で分かる

62

東京・麻布十番 こだわりの生パスタの店
「PASTA COH」のこと

本書で解説している製麺の技術のルーツ。
オリジナルの麺ができあがるまでの試行錯誤

幅4mm麺

幅4mmの麺。細すぎず、太すぎず、ソースとの絡みもばっちり

貯蔵庫

貯蔵庫で温度管理をして、麺を熟成させる

阿久津さんの思い入れのあるパスタ

店の麺を研究しているときに阿久津さんがいつも食べていた「パルミジャーノチーズとオリーブオイルのシンプルパスタ」

「バジルとトマトソースのパスタ」は、お客様にとにかく愛されているメニュー。これを食べに遠方から来る方も多いとか

こだわりの太さ
4mmをメインにしている理由

「PASTA COH」のメニューにある生パスタは、季節によっては幅3.5cmのものを出すこともあるが、幅4mmを中心に展開している。なぜなのだろうか?
「生パスタというとクリーム系にあうというイメージを持たれている方が多いのですが、僕はいろいろなソースに使える麺にしたかったのです。せっかく自家製麺を作るのだから手作り感を出したくていろいろな麺幅を試し、4mmがベストだと思いました。できあがった麺は、1週間ほど専用の貯蔵庫で徹底した温度管理のもと熟成させています」(阿久津さん)

コシと旨みが格段にちがう
1週間の熟成

店舗用の麺は1週間熟成させ、さらに深い風味をつけている。家庭でこれを行うには、生卵を使うため衛生的に不安がある。そのため、熟成期間を本書では1日間冷蔵庫で熟成させることを推奨している。
「1日間寝かせて熟成させるだけでも、打ちたてをすぐに食べるのとは麺のコシが全くちがいます。試しに両方食べくらべてみるといいですね」(阿久津さん)

初心者には扱いにくいかたい生地
研究開発に2年かけた麺

もちろん、粉の配合にもこだわりがある。約2年かけて研究開発し、数種類の粉をブレンドして仕上げている。
ちなみに、店用の麺のレシピで麺を打つ体験をさせていただいた。
こねるのにとても力が必要で、生地のねばりも強く、乾燥が早いため、タイミングよくやらないと生地がすぐにかたくなってしまう。正直、とても素人には、機械を使わない限り扱いにくい粉の配合であったことを報告しておく。
「研究に研究を重ねました。とにかくコシのある麺を作りたくて…。試行錯誤を続け、自分で納得のいく麺の調合ができたのが、今、自分の店で出している麺なんです。」(阿久津さん)
実際、こだわりの生パスタを試食させてもらった。たしかに麺のコシがしっかりしている。弾力を感じるのだ。そして、何度も噛むうちに鼻から抜ける粉の香りがたまらない。ソースとの絡みも絶妙で、少し置いておくと麺がソースを吸収し、さらに味わい深くなる。ここが生麺の真骨頂だ。ちょっと量が多めに見えてもペロリといけてしまう。やはりプロのなせる技といえよう。

調理

麺はすぐにゆであがるので、絶妙なタイミングでソースと絡めていく

自家製生パスタのお店
PASTA COH
(パスタ・コウ)

住所:東京都港区麻布十番2-8-8
　　　ミレニアムタワー2F
ＴＥＬ:03-6435-0239
ランチ:11:30～15:00 (LO:14:30)
ディナー:17:30～23:00 (LO:22:30)

2010年にオープン以来、オーナーのこだわりの噛み心地、粉の風味を損なわない自家製パスタを提供し続けている。本物の生パスタを手ごろな価格で味わえると、口コミでじわじわ広がり、今では休日になると、全国各地からわざわざ足を運ぶファンも多い。

麺幅6.5mmレシピ

ここからは、平打ち麺と呼ばれる太麺のレシピを紹介していきます。
この幅は、やはりクリームソースとの相性が抜群。8種類のクリームソースパスタを紹介します。

Pasta　　4mm

Pasta　　6.5mm

Pasta　　2mm

PART 2
麺幅6.5mmレシピ

CARBONARA
カルボナーラ

生麺を使うなら必ず作ってみたくなるレシピでしょう。
乾麺とくらべてソースとの一体感が別格です。

材料(2人分)

ベーコン(ブロック)	30g
卵黄	2個
パルミジャーノチーズ	40g
生クリーム	180cc
オリーブオイル	小さじ1
水	50cc
塩	適量
黒こしょう(粗びき)	適量
基本の麺(幅6.5mm)	200g

作り方

1. 下ごしらえをする

ベーコンは拍子木切りにする。ボウルに卵黄、パルミジャーノチーズ、生クリームを入れ、ホイッパーで混ぜて卵液を作る。

2. ソースを作る

❶フライパンにオリーブオイル、ベーコンを入れて熱し、ベーコンの表面に焼き色がついてカリカリになるまで炒める。

❷水を加えて混ぜ、火を止める。1.下ごしらえをするで作った卵液を加えて混ぜる。

3. 麺をゆでる

鍋に湯を沸かし、麺を入れ、好みのかたさになるまで菜箸で混ぜながら、3〜5分ほどゆで、ざるにあげて湯をしっかりきる。

4. 仕上げる

ソースと麺を混ぜ、塩で味をととのえる。器に盛りつけ、黒こしょうをふる。
※クリームソースに火を入れすぎると分離してしまうので、弱火で仕上げます。

CHINESE CABBAGE & MINCED MEAT CREAM

白菜とひき肉のクリーム

隠し味はおろしたにんにく。
白菜のやさしい甘みと生クリームのコクがあうひと品です。

材料(2人分)

白菜	80g
オリーブオイル	大さじ1
にんにく(すりおろし)	小さじ1/2
豚ひき肉	80g
生クリーム	180cc
パルミジャーノチーズ	大さじ1
塩	適量
基本の麺(幅6.5mm)	200g

作り方

1. 下ごしらえをする
白菜は葉と茎に分け、5cm角に切る。

2. ソースを作る
❶フライパンにオリーブオイル、にんにくを入れて熱し、香りが出たらひき肉を加える。

❷ひき肉の色が変わったら、白菜を加え、しんなりするまで炒める。

❸生クリーム、パルミジャーノチーズを加えて混ぜる。

3. 麺をゆでる
鍋に湯を沸かし、麺を入れ、3〜5分ほどゆで、ざるにあげて湯をきる。

4. 仕上げる
ソースと麺を混ぜ、塩で味をととのえ、器に盛りつける。

※クリームソースに火を入れすぎると分離してしまうので、弱火で仕上げます。

PUMPKIN&GORGONZOLA CREAM

かぼちゃとゴルゴンゾーラのクリーム

かぼちゃの甘みと
ゴルゴンゾーラの塩味。
甘じょっぱい組みあわせが
クセになります。

材料(2人分)

かぼちゃ	80g
オリーブオイル	小さじ1
パルミジャーノチーズ	大さじ1
生クリーム	150cc
ゴルゴンゾーラチーズ	40g
基本の麺(幅6.5mm)	200g

※ゴルゴンゾーラチーズは、メーカーにより塩分濃度が違います。仕上げで味見をし、薄ければ塩を加えて味をととのえてください。

作り方

1. 下ごしらえをする
かぼちゃは皮をむいて、厚さを5mmに切り、長さを食べやすい大きさに切る。

2. ソースを作る
❶フライパンにオリーブオイル、かぼちゃを入れて熱し、やわらかくなるまで炒める。

❷パルミジャーノチーズ、生クリームを加え、ゴルゴンゾーラチーズをちぎりながら加える。

❸ゴルゴンゾーラチーズを溶かしながら、ひと煮立ちさせる。

3. 麺をゆでる
鍋に湯を沸かし、麺を入れ、3〜5分ほどゆで、ざるにあげて湯をきる。

4. 仕上げる
ソースと麺を混ぜ、味をみる。薄ければ、塩(分量外)で味をととのえ、器に盛りつける。

※クリームソースに火を入れすぎると分離してしまうので、弱火で仕上げます。

67

MILT&SPINACH CREAM

白子とほうれん草のクリーム

生クリームに白子を混ぜ込んでなめらかなソースに仕上げます。
白子は鮮度の高いものを選びましょう。

材料(2人分)

ほうれん草	1/4わ(50g)
白子	100g
生クリーム	150cc
オリーブオイル	小さじ1
にんにく(すりおろし)	小さじ1/2
パルミジャーノチーズ	大さじ2
塩	適量
基本の麺(幅6.5mm)	200g

作り方

1. 下ごしらえをする
ほうれん草は長さを4等分に切る。

2. ソースを作る
❶ボウルに白子と生クリームを入れ、ハンドミキサーで撹拌する。

❷フライパンにオリーブオイル、にんにくを入れて弱火で熱し、香りが出たらほうれん草を加えて炒める。

❸❶とパルミジャーノチーズを加え、ひと煮立ちさせる。

3. 麺をゆでる
鍋に湯を沸かし、麺を入れ、3～5分ほどゆで、ざるにあげて湯をきる。

4. 仕上げる
ソースと麺を混ぜ、塩で味をととのえ、器に盛りつける。

※クリームソースに火を入れすぎると分離してしまうので、弱火で仕上げます。

CORN&TUNA FLAKES POTAGE CREAM
コーンとツナのポタージュ風クリーム

ほんのり甘い、つゆだくソースのメニューです。
ツナの代わりにベーコンを入れてもOKです。

材料(2人分)

ホールコーン缶詰(100g入り)
　‥‥‥‥‥‥‥‥‥‥‥‥ 1缶
ツナ缶詰(80g入り) ‥‥‥ 1/2缶
オリーブオイル ‥‥‥‥ 小さじ1
生クリーム ‥‥‥‥‥‥ 150cc
塩 ‥‥‥‥‥‥‥‥‥‥‥ 適量

基本の麺(幅6.5mm) ‥‥‥ 200g

作り方

1. 下ごしらえをする
コーンは水けをきり、半量をフードプロセッサーにかけ、細かくする。ツナは油をきる。

2. ソースを作る
❶フライパンにオリーブオイル、コーン、ツナを入れて熱し、生クリームを加える。 
❷軽く混ぜ、ひと煮立ちさせる。

3. 麺をゆでる
鍋に湯を沸かし、麺を入れ、3〜5分ほどゆで、ざるにあげて湯をきる。

4. 仕上げる
ソースと麺を混ぜ、塩で味をととのえる。器に盛りつけ、チャービル(分量外)を飾る。

※クリームソースに火を入れすぎると分離してしまうので、弱火で仕上げます。

TOFU&SOY MILK CREAM

くずし豆腐と豆乳のクリーム

ヘルシーでボリューム満点。
お店のまかないでよく作る裏メニューです。

材料（2人分）

木綿豆腐	1丁
ベーコン（ブロック）	80g
オリーブオイル	大さじ2
豆乳	200cc
塩	適量
基本の麺（幅6.5mm）	200g

作り方

1. 下ごしらえをする
豆腐は水きりをする。ベーコンは拍子木切りにする。

2. ソースを作る
❶フライパンにオリーブオイルと豆腐を入れて熱し、木べらでくずしながら炒める。

❷豆腐の水分が抜けて、ひとかたまりになるまで、フタをして蒸し焼きにする。

❸ベーコンを加えて炒める。豆乳を加え、軽く煮込む。

3. 麺をゆでる
鍋に湯を沸かし、麺を入れ、3〜5分ほどゆで、ざるにあげて湯をきる。

4. 仕上げる
ソースと麺を混ぜ、塩で味をととのえ、器に盛りつける。

※クリームソースに火を入れすぎると分離してしまうので、弱火で仕上げます。

SAUSAGE & MUSHROOM CREAM

粗びきソーセージと
マッシュルームのクリーム

クリームシチューのイメージで作りました。
子どもに大人気のパスタです。

材料(2人分)

- ソーセージ(粗びき) ……… 4本
- マッシュルーム(生) ……… 6個
- オリーブオイル ……… 小さじ1
- 生クリーム ……… 180cc
- パルミジャーノチーズ …… 大さじ1
- 塩 ……… 適量

基本の麺(幅6.5mm) …… 200g

作り方

1. 下ごしらえをする
ソーセージは斜め薄切りにする。マッシュルームは石づきを切り落とし、幅5mmに切る。

2. ソースを作る
❶フライパンにオリーブオイルを熱し、ソーセージ、マッシュルームを入れて炒める。 
❷生クリーム、パルミジャーノチーズを加える。 
❸軽く混ぜながら、ひと煮立ちさせる。

3. 麺をゆでる
鍋に湯を沸かし、麺を入れ、3〜5分ほどゆで、ざるにあげて湯をきる。

4. 仕上げる
ソースと麺を混ぜ、塩で味をととのえ、器に盛りつける。

※クリームソースに火を入れすぎると分離してしまうので、弱火で仕上げます。

COD ROE CREAM
たらこクリーム

女性に大人気のたらこクリーム。
味のアクセントとしてにんにくを入れました。

作り方

1. 下ごしらえをする
たらこは薄皮をさき、中身を取り出す。

2. ソースを作る
❶フライパンにオリーブオイル、にんにくを入れて弱火で熱し、たらこと生クリームを加える。

❷たらこをくずしながら、ソース全体に行き渡るように混ぜる。

❸ひと煮立ちさせる。

3. 麺をゆでる
鍋に湯を沸かし、麺を入れ、3～5分ほどゆで、ざるにあげて湯をきる。

4. 仕上げる
ソースと麺を混ぜ、塩で味をととのえる。器に盛りつけ、きざみのりをのせる。

※クリームソースに火を入れすぎると分離してしまうので、弱火で仕上げます。

材料(2人分)

たらこ	80g
オリーブオイル	小さじ1
にんにく(すりおろし)	小さじ1/2
生クリーム	150cc
塩	適量
きざみのり	適量
基本の麺(幅6.5mm)	200g

手打ち麺で作る
簡単おつまみレシピ

麺をスムーズに打てるようになったら、
近しい人にもふるまってみましょう。
数種類の味見ができるように小ぶりなレシピを考えてみました。
お酒のおつまみとしてパパッと作って披露すれば、
みんなびっくりするでしょう。

RECIPE 1
おつまみパスタ3種盛り

スプーンでパクリと食べられる小ぶりなサイズが魅力です。
オリジナルのトッピングで楽しむのもいいでしょう。

材料(2人分)

1.パルミジャーノと生ハム
- 基本の麺(幅4mm) ………… 20g
- パルミジャーノチーズ …… 小さじ1
- 生ハム ………………………… 3g

2.トマトソースとツナ、コーン
- 基本の麺(幅4mm) ………… 20g
- トマトソース ………………… 大さじ1
- ツナ …………………………… 大さじ1/2
- ホールコーン ………………… 小さじ1

3.アボカドときざみのり
- 基本の麺(幅4mm) ………… 20g
- アボカド ……………………… 1/8個
- きざみのり ………………… ひとつまみ
- しょう油 ……………………… 小さじ1/2

作り方

❶ 麺をゆで、器に20gずつ盛りつける。
❷ 麺の上にそれぞれトッピングをする。

- パルミジャーノと生ハム
- トマトソースとツナ、コーン
- アボカドときざみのり

RECIPE 2
パスタチップス

ひと口食べたらやめられない。
あと引くおいしさのチップスです。

材料(2人分)
- 生地(麺帯) ………………… 50g
- ガーリックパウダー ………… 適量
- 塩 ……………………………… 適量

ディップ
- ジェノバソース(作り方はP.32参照)、
- トマトソース(作り方はP.24参照)
- ……………………………… 適量

作り方

❶ 厚さ1mmの生地(麺帯)にして3cm角に切る。
❷ 180℃の油で3分揚げる。
❸ 温かいうちにガーリックパウダー、塩をふる。

麺幅2mmレシピ

最後は細麺を使って冷製パスタに挑戦しましょう。
トマト、オイル、ジェノバソースを使った5種類のレシピを紹介します。
麺はゆでたあと、必ず流水で冷まし、氷水でキュッとしめましょう。
器を冷やして、冷たさと喉ごしを味わいましょう。

Pasta　　4mm

Pasta　　6.5mm

Pasta　　2mm

TOMATO&BACON TOMATO SAUCE

フルーツトマトと
カリカリベーコンのトマトソース

フルーツトマトの甘みがたっぷり。
ベーコンの塩味が味に奥行きを出しています。

PART 2
麺幅**2mm**レシピ

材料(2人分)

基本のトマトソース	150cc
フルーツトマト	2個
ベーコン(ブロック)	50g
オリーブオイル	小さじ1
パルミジャーノチーズ	大さじ1
エキストラバージンオリーブオイル	大さじ1
基本の麺(幅2mm)	200g

作り方

1. 下ごしらえをする

P.24「基本のトマトソースの作り方」を参考にトマトソースを作る。フルーツトマトは湯むきし、くし切りにする。ベーコンは拍子木切りにする。器は冷蔵庫で冷やす。

2. ソースを作る

❶フライパンにオリーブオイルとベーコンを入れて弱火で熱し、カリカリになるまで焼く。

❷ボウルにベーコン、フルーツトマト、パルミジャーノチーズ、エキストラバージンオリーブオイルを入れる。トマトが崩れないように軽く混ぜる。

3. 麺をゆでる

❶鍋に湯を沸かし、麺を入れ、3～5分ほどゆで、ざるにあげて湯をきる。流水で冷ます。

❷氷水で麺をしめ、ざるにあげてしっかり水けをきる。

4. 仕上げる

ソースが入ったボウルに麺を加えて混ぜる。トマトソースを加え、さらに混ぜる。冷えた器に盛りつけ、チャービル(分量外)を飾る。

SEA URCHIN&SCALLOP LEMON FLAVOR

うにと帆立の冷製 レモン風味

暑いシーズン向けのぜいたくなパスタ。
レモンをしぼるとさわやかな涼しさがひろがります。

材料(2人分)

帆立貝柱(生食用)	3個
レモン	1/4個
うに(生)	60g
パルミジャーノチーズ	大さじ1
エキストラバージンオリーブオイル	大さじ1
塩	適量
黒こしょう(粗びき)	適量
基本の麺(幅2mm)	200g

作り方

1. 下ごしらえをする

帆立は厚みを半分に切り、6個にする。レモンはくし切りにする。器は冷蔵庫で冷やす。

2. ソースを作る

❶ボウルにうに、帆立を半量ずつ入れる。

❷パルミジャーノチーズ、エキストラバージンオリーブオイルを加える。

❸うにの身がくずれすぎないように混ぜる。

3. 麺をゆでる

鍋に湯を沸かし、麺を入れ、3〜5分ほどゆで、ざるにあげて湯をきる。流水で冷まし、氷水で麺をしめ、ざるにあげてしっかり水けをきる。

4. 仕上げる

ソースが入ったボウルに麺を加えて混ぜ、塩で味をととのえる。冷えた器に盛りつけ、残りのうに、帆立をのせる。黒こしょうをふりかけ、レモンを添える。

SALMON&CREAM CHEESE GENOVESE

サーモンとクリームチーズの冷製ジェノベーゼ

サーモンとクリームチーズの
定番の組みあわせを
冷製ジェノベーゼでいただきます。

材料(2人分)

基本のジェノバソース	大さじ2
サーモン(刺身用)	80g
クリームチーズ	40g
塩	適量
エキストラバージンオリーブオイル	適量
基本の麺(幅2mm)	200g

作り方

1. 下ごしらえをする

P.32「基本のジェノバソースの作り方」を参考にジェノバソースを作る。サーモンはひと口大に切る。クリームチーズは5mm角に切る。器は冷蔵庫で冷やす。

2. ソースを作る

❶ボウルにジェノバソースを入れる。

❷サーモン、クリームチーズを半量ずつ加える。

❸サーモンの身がくずれないように混ぜる。

3. 麺をゆでる

鍋に湯を沸かし、麺を入れ、3〜5分ほどゆで、ざるにあげて湯をきる。流水で冷まし、氷水で麺をしめ、ざるにあげてしっかり水けをきる。

4. 仕上げる

ソースが入ったボウルに麺を加えて混ぜ、塩、エキストラバージンオリーブオイルで味をととのえる。冷えた器に盛りつけ、残りのサーモンとクリームチーズをのせる。

PAPRIKA&SHRIMP

パプリカとえびの冷製パスタ

とてもシンプルな味つけの冷製パスタです。
パプリカの色あいが食欲をそそります。

材料(2人分)

パプリカ(赤)	20g
パプリカ(黄)	20g
むきえび	60g
パルミジャーノチーズ	大さじ2
エキストラバージンオリーブオイル	大さじ2
塩	適量
基本の麺(幅2mm)	200g

作り方

1. 下ごしらえをする
パプリカは薄切りにする。えびは背わたをとる。器は冷蔵庫で冷やす。

2. えびとパプリカをゆでる
❶フライパンに湯を沸かし、えびを入れる。 
❷えびの色が変わったらパプリカを加える。 
❸さっとゆで、ざるにあげて冷ます。

3. 麺をゆでる
鍋に湯を沸かし、麺を入れ、3～5分ほどゆで、ざるにあげて湯をきる。流水で冷まし、氷水で麺をしめ、ざるにあげてしっかり水けをきる。

4. 仕上げる 
ボウルにゆでた具材、麺を入れて混ぜる。パルミジャーノチーズ、エキストラバージンオリーブオイルをかけ、塩で味をととのえる。冷えた器に盛りつけ、イタリアンパセリ(分量外)を飾る。

Raw ham & Mizuna

生ハムとみず菜の冷製パスタ

生ハムとあっさりしたみず菜の相性が抜群。
サラダ感覚で食べられます。

材料(2人分)

生ハム･････････････････40g
みず菜･････････････････30g
塩･･･････････････････適量
エキストラバージンオリーブオイル
　････････････････大さじ2
パルミジャーノチーズ････大さじ2

基本の麺(幅2mm)･･･････200g

作り方

1. 下ごしらえをする
生ハムはひと口大にちぎる。みず菜は根元を切り、長さ4〜5cmに切る。器は冷蔵庫で冷やす。

2. 麺をゆでる
鍋に湯を沸かし、麺を入れ、3〜5分ほどゆで、ざるにあげて湯をきる。流水で冷まし、氷水で麺をしめ、ざるにあげてしっかり水けをきる。

3. 仕上げる
❶ボウルに麺とみず菜を入れる。

❷塩とエキストラバージンオリーブオイルで味をととのえる。

❸パルミジャーノチーズを加え、さらに混ぜる。器に盛りつけ、生ハムをのせる。

麺打ち中級編 スパイス練り込み麺に挑戦!!

P.26とはグッと雰囲気が変わって、大人の練り込み麺を打っていきましょう。
ぱっと見た感じは、色あいが鮮やかではありませんが、
噛めば噛むほど、スパイスが口のなかに広がる、奥深い麺に仕上がります。

辛いもの好きに挑戦してもらいたい 唐辛子麺

材料(約4人分 1玉100g計算)

- 赤唐辛子(粉末)‥‥‥‥ 5g
- 卵‥‥‥‥‥‥‥‥‥ 150g
- 強力粉‥‥‥‥‥‥‥ 150g
- セモリナ粉‥‥‥‥‥ 150g
- 塩‥‥‥‥‥‥‥‥ 小さじ1
- オリーブオイル‥‥‥ 大さじ1

スパイスが香る、大人味の麺 黒こしょう麺

材料(約4人分 1玉100g計算)

- 黒こしょう(粗びき)‥‥ 5g
- 卵‥‥‥‥‥‥‥‥‥ 150g
- 強力粉‥‥‥‥‥‥‥ 150g
- セモリナ粉‥‥‥‥‥ 150g
- 塩‥‥‥‥‥‥‥‥ 小さじ1
- オリーブオイル‥‥‥ 大さじ1

練り込み麺でパスタを作ってみよう!!

唐辛子麺を使ってオリジナルレシピを作ってみました。
ソースにも唐辛子が効いています。

唐辛子麺のアラビアータ

材料(2人分)

- にんにく‥‥‥‥‥‥ 2かけ
- 赤唐辛子‥‥‥‥‥‥ 2本
- 玉ねぎ‥‥‥‥‥‥‥ 20g
- 生ハム‥‥‥‥‥‥‥ 40g
- モッツァレラチーズ‥‥ 40g
- オリーブオイル‥‥‥ 大さじ2
- 基本のトマトソース
  (作り方はP.24参照)‥‥ 180cc
- 麺‥‥‥‥‥‥‥‥‥ 200g

作り方

❶ にんにくは包丁のはらでつぶし、赤唐辛子は縦半分に切り、種を除く。玉ねぎは薄切りにする。生ハムはひと口大にちぎる。モッツァレラチーズは1cm角に切る。

❷ フライパンにオリーブオイル、にんにく、唐辛子を入れて熱する。

❸ 生ハム、玉ねぎを加えて炒め、トマトソース、モッツァレラチーズを加え、ゆでた麺と混ぜる。

PART 3
うどんの打ち方 & レシピ集

ここからは、うどんの打ち方をマスターしていきます。
作り方の基本はパスタと変わりません。
風味、コシ、噛みごたえ、全て市販のうどんとは別格です。

うどんを打つ

うどんの打ち方や用意する道具は、
「PART1 基本の麺の打ち方」と同じです。
P.12～P.22までを参考に
うどん打ちに挑戦していきましょう。

材料をはかる

下の「うどんの材料」を参考に材料をはかりにのせて正確にはかる。

うどんの材料

（約5人分 1玉90g計算）

強力粉･････････････400g
塩･･･････････ 大さじ1
水･･･････････ 180cc

打ち粉
片栗粉･････････････ 適量

塩
グルテンの形成を促進させ、歯ごたえのあるうどんを作り出します

打ち粉
片栗粉を使います

水
のどごしのいいうどんになります

強力粉
グルテンの含有率が高く、コシの強いうどんに仕上がります。うどんは中力粉を使用することが多いですが、本書では、パスタでも使った強力粉を使用しています

水まわしをする

ボウルに強力粉、塩を入れる。水を3回程度に分けて注ぎ、その都度、手早く混ぜあわせ、生地がまとまってきたら、ひとかたまりにする。

うどんの水まわしの仕方はP.12～P.13の「水まわしをする」を参考にしてください

PART 3
うどんの打ち方&レシピ集

生地をこねる

1 作業台の上でこねてまとめる

作業台の上に生地を置き、P.14「手の動かし方」を参考に15〜20分ほどこねたら、まるくととのえる。

一枚膜が張ったようになればOK

2 形をととのえて、休ませる

生地玉の側面を押さえながら、俵型にととのえる。ラップを用意し、P.15「ラップの巻き方」を参考にぴったりと巻きつける。生地玉を常温で20分休ませる。

▼ 休ませる

円柱に生地玉をととのえて休ませましょう

生地玉を伸ばす

1 手でつぶして伸ばす

めん棒で伸ばすときに生地玉が割れないよう、ラップをしたまま、生地玉が倍の大きさになるまで手で数回押しつぶし、ラップを外して打ち粉をふる。

手でつぶした生地玉に打ち粉をふり、手で生地玉の表面全体に薄く伸ばします

2 めん棒で伸ばす

マシンのローラーに生地の幅と厚み（およそ3mm）が入るかを確認しながら、めん棒を使って一方向に伸ばす。

▼ 伸ばした生地

マシンの2倍くらいの長さまで伸ばします

麺帯にする

1 マシンを作業台に固定し、麺帯にする［目盛り6］

マシンのローラー側にハンドルを取りつけ、作業台に設置する。ダイヤルをいちばん厚い厚み（およそ3mm）に設定し、生地をマシンのローラーに入れて伸ばす。

［目盛り設定］ 
本書で使ったマシンは、ダイヤルをまわして厚さの目盛りを「6」にあわせました

2 打ち粉をふり、麺帯を半分に切る

麺帯の表面に打ち粉をふりかけ、生地全体に行き渡るように手でなじませる。包丁で麺帯を半分に切り、2枚にする。乾燥を防ぐため、ラップをかける。

麺帯は、半分に切らずに伸ばすこともできますが、伸ばす間に薄く長くなります。ここで切っておくと作業がしやすいので、切ることをおすすめします

3 麺帯を薄く伸ばす［目盛り4］

麺帯の厚みが薄くなるほう（およそ2mm）にダイヤルをまわす。ハンドルをまわし、麺帯を伸ばす。打ち粉をふり、麺帯全体に行き渡るように手でなじませる。同様にもう1枚も伸ばし、打ち粉をふる。

［目盛り設定］
本書は、ダイヤルをまわして厚さ2mmの目盛りを「4」にあわせました

麺帯は乾燥を嫌います。麺帯を伸ばしたら打ち粉をすぐにふりましょう

▼ 打ち粉 
うどんの場合も1回伸ばすごとに大さじ1程度の打ち粉をふります

▼ 手の動き 
一定の速さでハンドルをまわすのが生地をキレイに伸ばすコツです

PART 3
うどんの打ち方&レシピ集

4 ローラーに 2回通し 麺帯を仕上げる [目盛り2]

P.20の **6〜7** を参考に麺帯をローラーに通し、薄く伸ばしながら打ち粉をふる。麺帯の厚みがおよそ1mmになるようにもう一度ローラーに通し、麺帯を仕上げる。同様にもう1枚も仕上げる。

薄く伸びた麺帯は、幅30cmでたたみながら作業しましょう。詳しくはP.20「長く伸びた生地を折りたたむ」を参照してください

製麺する

1 麺帯を裁断し、20cmに切る

幅4mmのカッターとガイドをマシンにセットし、ハンドルをカッター側につけ替える。カッターに麺帯を通して、ある程度の長さまで裁断したら、長さ20cmのところをキッチンばさみで切り、打ち粉をふる。

20cmに切った麺は左手で持ったまま打ち粉をふります

2 計量する

ひと玉が90gになるように計量し、うどんをまるめる。その日に食べきれない分は、キッチンペーパーを敷いた密閉容器にうどんを入れ、キッチンペーパーをうどんの上にのせ、フタをして冷蔵庫で保存する。

▼ 残ったうどん

すぐにゆでて食べないうどんは、冷蔵庫に入れて2〜3日で食べきりましょう

麺をゆでる

鍋に湯を沸かし、麺を入れて好みのかたさになるまで菜箸で混ぜながら3〜5分ゆでる。ざるにあげ、流水で麺をしめ、しっかり水けをきる。温かく調理する場合は、食べる直前に湯のなかに入れて温めてから調理する。

ゆであがったうどんは、伸びないように流水でしっかりもみあらいしましょう

▼ 温かいうどん

食べる直前に、湯のなかに入れて再度麺を温めましょう。冷えたうどんは、そのまま食べてOKです

85

うどんレシピ

強力粉で作った、コシの強い自家製のうどん（幅4mm）にあうレシピ7種。
とくに新感覚の和洋折衷のメニューは、ぜひ味わっておきたいものばかりです。

TOMATO SOUP UDON

トマトスープのうどん

かつおだしをたっぷり効かせた洋風うどん。
トマトの酸味がたまりません。

PART 3
うどんの打ち方&レシピ集

材料(2人分)

あさり	100g
ズッキーニ	3cm
ホールトマト缶詰(400g入り)	1/2缶
だし汁	250cc
ローリエ(乾燥)	1枚
塩	適量
うどん(幅4mm)	180g

作り方

1. 下ごしらえをする

あさりは砂出しをし、殻をこすりあわせてあらい、水けをきる。ズッキーニは6等分の輪切りにする。

2. スープを作る

❶フライパンにホールトマト、だし汁を入れて火にかける。

❷あさり、ローリエを加え、あさりの口が開くまで煮立たせる。ズッキーニを加え、やわらかくなるまで煮込み、塩で味をととのえる。

3. うどんをゆでる

❶鍋に湯を沸かし、麺を入れ、3〜5分ほどゆでる。ざるにあげて湯をきり、流水で軽くもみあらいをし、しっかり水けをきる。

❷スープとあわせる前に再度湯に入れうどんを温め、ざるにあげて湯をきる。

4. 仕上げる

器に温かいうどんを盛りつけ、スープを注ぐ。

TOMATO&MINCED MEAT UDON

トマトとひき肉の冷やしうどん

ボロネーゼのうどん版で考えたレシピです。
フレッシュなトマトが
ソースの役割を果たしています。

材料（2人分）

トマト	1個
玉ねぎ	1/4個
サラダ油	小さじ2
豚ひき肉	100g
塩	適量
バジルの葉（生）	2枚
うどん（幅4㎜）	180g

作り方

1. 下ごしらえをする
トマトはくし切りにし、縦半分に切る。玉ねぎはみじん切りにする。

2. ソースを作る
❶フライパンにサラダ油と玉ねぎを入れて熱し、しんなりするまで炒める。

❷ひき肉を加え、肉の色が変わるまで炒め、塩で味をととのえる。火を止めて粗熱をとる。

❸ボウルに❷とトマトを入れて混ぜる。

3. うどんをゆでる
鍋に湯を沸かし、麺を入れ、3〜5分ほどゆで、ざるにあげて湯をきる。流水で軽くもみあらいをし、しっかり水けをきる。

4. うどんをゆでる
ソースの入ったボウルにうどんを加えて混ぜ、器に盛りつけ、バジルの葉を1枚ずつのせる。

ZUCCHINI&BACON FRIED UDON

ズッキーニとベーコンの焼きうどん

玉ねぎのシャキシャキとした食感と
甘みを楽しむシンプルな焼うどんです。

材料(2人分)

ズッキーニ	4cm
ベーコン（ブロック）	60g
玉ねぎ	1/4個
にんにく	1かけ
オリーブオイル	大さじ2
水	50cc〜
コンソメ（顆粒）	小さじ1/2
塩	適量
パルミジャーノチーズ	大さじ2
うどん（幅4mm）	180g

作り方

1. 下ごしらえをする

ズッキーニは8等分の輪切りにする。ベーコンは拍子木切りにする。玉ねぎ、にんにくは薄切りにする。

2. ソースを作る

❶ フライパンにオリーブオイルとにんにくを入れて熱し、香りが出るまで炒める。

❷ ズッキーニ、ベーコン、玉ねぎを加え、炒める。

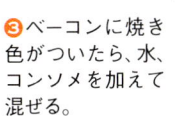

❸ ベーコンに焼き色がついたら、水、コンソメを加えて混ぜる。

※水分がなく、焦げつきそうなときは、水を適量追加してください。

3. うどんをゆでる

❶ 鍋に湯を沸かし、麺を入れ、3〜5分ほどゆでる。ざるにあげて湯をきり、流水で軽くもみあらいをし、しっかり水けをきる。

❷ ソースとあわせる前に再度湯に入れうどんを温め、ざるにあげて湯をきる。

4. 仕上げる

フライパンにうどんを加えて炒め、塩で味をととのえる。パルミジャーノチーズを加えて混ぜ、器に盛りつける。

TOMATO&MISO UDON
トマトのみそ煮込みうどん

みそ煮込みうどんにトマトの酸味をプラス。
温泉卵が酸味をまろやかにしてくれます。

材料(2人分)

ブロッコリー	40g
オリーブオイル	大さじ1
豚ひき肉	80g
ホールトマト缶詰(400g入り)	1/2缶
だし汁	250cc
みそ	大さじ1と1/2
温泉卵	2個
うどん(幅4mm)	180g

作り方

1. 下ごしらえをする
ブロッコリーは小房に分ける。

2. スープを作る
❶フライパンにオリーブオイルを熱し、ひき肉を炒める。

❷ひき肉の色が変わったら、ホールトマト、だし汁、みそを加えて煮立たせる。

❸ブロッコリーを加え、ひと煮立ちさせる。

3. うどんをゆでる
❶鍋に湯を沸かし、麺を入れ、3〜5分ほどゆで、ざるにあげて湯をきる。流水で軽くもみあらいをし、しっかり水けをきる。

❷スープとあわせる前に再度湯に入れうどんを温め、ざるにあげて湯をきる。

4. 仕上げる
フライパンにうどんを加え、軽く煮込む。器にうどんを盛りつけ、スープを注ぎ、温泉卵を1個ずつのせる。

TOMATO TSUKEMEN
トマトつけ麺

洋風冷やし中華です。
見た目は和風でも
味はイタリアンです。

材料(2人分)

卵	1個
きゅうり	1/2本
ハム	2枚

【スープの材料】

カットトマト缶詰(400g入り)	1/4缶
だし汁	100cc
みりん	大さじ2
塩	適量
うどん(幅4mm)	180g

作り方

1. 下ごしらえをする

卵は半熟にゆで、半分に切る。きゅうり、ハムは細切りにする。

2. スープを作る

❶フライパンにカットトマト、だし汁、みりんを入れて火にかける。

❷煮立ったら、塩で味をととのえる。

❸椀にスープを注ぐ。

3. うどんをゆでる

鍋に湯を沸かし、麺を入れ、3〜5分ほどゆで、ざるにあげて湯をきる。流水で軽くもみあらいをし、しっかり水けをきる。

4. 仕上げる

器にうどんを盛りつけ、卵、きゅうり、ハムをのせ、スープを添える。

SALAD UDON

サラダうどん

オリジナルドレッシングが決め手です。
野菜はみず菜やグリーンカールに
してもいいでしょう。

材料（2人分）

レタス	2枚
トレビス	1枚
レッドオニオン	1/4個
トマト	1個
生ハム	25g
うどん（幅4mm）	180g

【ドレッシングの材料】

マヨネーズ	大さじ2
トマトケチャップ	大さじ2
にんにく（すりおろし）	小さじ1/2
生クリーム	大さじ1

作り方

1. 下ごしらえをする
レタス、トレビスはひと口大にちぎり、あらって水けをきる。レッドオニオンは薄切りにして流水でさらし、水けをきる。トマトはくし切りにする。生ハムは細切りにする。

2. ドレッシングを作る
❶ボウルにマヨネーズ、トマトケチャップ、にんにくを入れて混ぜる。

❷生クリームを加えて混ぜ、小さい器に入れる。

3. うどんをゆでる
鍋に湯を沸かし、麺を入れ、3～5分ほどゆで、ざるにあげて湯をきる。流水で軽くもみあらいをし、しっかり水けをきる。

4. 仕上げる
器にうどんを盛りつけ、すべての具材をのせ、ドレッシングの器を添える。

RAW HAM&CHEESE KAMA-TAMA UDON
生ハムとチーズのかま玉うどん

うどんをゆでて和えるだけの簡単レシピ。
塩をかけていただきます。
うどんであることを忘れてしまう激旨レシピです。

材料(2人分)

生ハム	40g
モッツァレラチーズ	60g
パルミジャーノチーズ	大さじ2
卵黄	2個
エキストラバージンオリーブオイル	適量
塩	適量
うどん(幅4mm)	180g

作り方

1. 下ごしらえをする
生ハム、モッツァレラチーズは細かくちぎる。

2. うどんをゆでる
❶鍋に湯を沸かし、麺を入れ、3〜5分ほどゆで、ざるにあげて湯をきる。流水で軽くもみあらいをし、しっかり水けをきる。

❷器に盛りつける前に再度湯に入れうどんを温め、ざるにあげて湯をきる。

3. 仕上げる
❶器にうどんを盛りつける。

❷モッツァレラチーズ、パルミジャーノチーズをかけ、生ハムを飾る。

❸卵黄を1個ずつ中央にのせ、エキストラバージンオリーブオイルをかけ、塩をふる。

Q & A

麺打ちについての素朴な疑問を
PASTA COH 店主 阿久津さんに聞いてみました。

Q1

自家製麺に賞味期限ってある？冷凍保存はできるの？

A 自家製麺は、キッチンペーパーを敷いて必ず密閉容器に入れ、冷蔵庫で保存してください。
また、冷凍にはむいてません。衛生上、熟成させてから2～3日以内に食べきってください。

Q2

卵を使わない自家製麺も作れる？

A 風味と味は変わりますが、水で代用可能です。卵と水では水分の含有率がちがうので、卵150gを水140gに替えて作ってみてください。
麺の打ち方は、基本の麺の打ち方と同じです。P.12「水まわしをする」から参考にしてください。

Q3

こねている途中で腕が疲れてしまいました

A こねる作業は、慣れるまである程度力を要します。下の写真のように、生地を折りたたむようにこねることで腕や手のひらにかかる力を軽減できます。

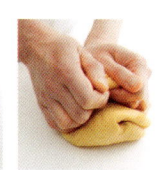

1 生地を両手で持ち、半分に折り曲げる
2 生地を90℃回転させる
3 さらに生地を半分に折り曲げる。**1**～**2**を繰り返す

Q4

どうしても打ちたてをすぐに食べたい

A 本書では1日熟成させることをおすすめしますが、打ちたてをすぐに食べることもできます。打ちたての麺と熟成の麺を食べくらべてみると味の違いが分かると思います。

Q5

麺（パスタ用）をカスタムしてみたい

A 自己流にカスタムすることは可能です。その場合、粉の量ではなく卵の量を変えて挑戦してみてください。卵は5％減らすだけで歯ごたえが全く違うものになります。
より歯ごたえのある麺を打ちたければ、卵を5％減らしてみましょう。逆に、もう少しソフトな噛み心地が希望であれば卵を5％増やしてみてください。
ただし、卵を減らせばこねにくくなりますし、卵を増やせばこねやすいですが、くっつきやすい生地になるので、打ち粉の量をたっぷりふることを忘れないでください。

Q6

マシンのメンテナンスは必要？

A マシンは使い終わったら、メンテナンスするのが基本です。分解清掃は、難しいのであまりおすすめしません。
常日頃から、清掃、給油をしてあげれば、マシンは長持ちします。可動部には食べても安心な植物性のオイルを使用した専用オイルを使うことをおすすめします。

※写真提供　キッチングッズ柳屋

Q7

麺帯にするときの注意事項は？

A 打ち粉不足に注意しましょう。打ち粉がたりないと生地がくっつき、作業がしづらくなります。一度くっついてしまうとはがしにくくなってしまいます。打ち粉は、必ず大さじ1以上を目安にたっぷりと生地にふるようにしましょう。

Q8

打ち粉をふりすぎても生地がかたくならないの？

A 打ち粉をふりすぎて麺がかたくなることはありません。
打ち粉をたくさんふっても、生地に浸透するのは微量です。ゆでている間にほとんどが麺から落ちてしまいます。打ち粉は乾燥防止、麺同士がくっつかないようにするために重要です。必ずたっぷりふりましょう。

Q9

替え刃はどのくらいの種類があるの？

A 替え刃の種類は、メーカー、機種によりさまざまで、仕上がりの麺の幅、呼び名もまちまちのようです。
本書で紹介したように4mmを標準に2mm、6.5mmがあれば、とりあえずおおよそのパスタは作ることができます。
どんなサイズの替え刃があるかという点もパスタマシン選びのポイントになります。

Q10

自家製麺（パスタ用）をセモリナ粉100%で作りたい

A セモリナ粉100%で作ることは可能ですが、僕はおすすめしません。マシンには、ローラーで麺を伸ばすローラー式と機械で圧力をかけて麺を押し出す方式の2種類があり、本書で使用したのは、家庭用のローラー式のマシンです。
セモリナ粉は粒子が粗いので、ローラー式マシンを使ってセモリナ粉だけで作ると粉同士がうまく結合しにくく、ボソボソした食感の麺になってしまいます。
そのため、本書の基本の麺では、強力粉をブレンドしてセモリナ粉の風味を生かした噛みごたえのある麺に仕上げています。

「パスタ・コウ」オーナーシェフ
阿久津 浩一
あくつ・こういち

東京都生まれ。幼少期から伯母姉妹が主宰していた料理教室を手伝い、料理の基本を早くから習熟。高校を卒業後、会社員を経験するも、調理の面白さを忘れられず、飲食店の門を叩き調理師になるべく修行をはじめる。フレンチ・イタリアン等の店で修行しながら、並行して服部栄養専門学校に通学、調理師免許を取得し、さまざまな調理技術を学ぶ。修業先で生パスタの奥深さに魅了され、独自の技法を探求し自分に納得のいく麺を完成させる。そして2010年に麻布十番に自身の集大成ともいえる自家製生パスタ専門店「パスタ・コウ」をオープンさせる。

http://www.pasta-coh.jp/

企画・制作	HYOTTOKO production.inc
編　　集	吉村ともこ
	川田静香
	安藤秀子
	小谷由紀恵
執　　筆	真柄ナオ
本文デザイン	柴田紗枝(futte)
	瀬戸冬実(futte)
カバーデザイン	CYCLE DESIGN
撮　　影	中村介架
スタイリスト	細井美波
料理アシスタント	佐藤樹(パスタ・コウ)
撮影協力	マルミツ陶器合資会社(ソボカイ、スタジオ エム) http://www.marumitsu.jp
	キッチングッズ柳屋 http://kitchengoods-yanagiya.com
	パスタ・コウ http://www.pasta-coh.jp

※本書の内容に関するお問い合わせは、お手紙、FAX、メールにて承ります。
　恐縮ですが、電話でのお問い合わせはご遠慮くださいますよう、お願いいたします。
　FAX：03-5360-8047
　Mail：info@TG-NET.co.jp

パスタマシンで作る自家製麺入門

2013年7月5日　初版第1刷発行

監修者：阿久津浩一
発行人：穂谷竹俊
発行所：株式会社日東書院本社
〒160-0022　東京都新宿区新宿2丁目15番14号　辰巳ビル
TEL：03-5360-7522(代表)　TEL：03-5360-8064(販売部)
URL：http://www.TG-NET.co.jp

印刷・製本：株式会社 公栄社

◎本書の無断複写複製(コピー)は、著作権法上での例外を除き、
　著作者、出版社の権利侵害となります。
　乱丁・落丁はお取り替えいたします。小社販売部までご連絡ください。
© Nitto Shoin Honsha Co.,Ltd. 2013, Printed in Japan　ISBN978-4-528-01773-3 C2077